中学3年間の英語総復習

1日でできる やさしい英文法

成重 寿／妻鳥千鶴子
Narishige Hisashi／Tsumatori Chizuko

Jリサーチ出版

はじめに

　英語を話すにも聞くにも、書くにも読むにも、その基礎になるのは英文法です。**特に中学で勉強する英文法は重要な項目のほとんどをカバーしているので、中学英文法の知識さえしっかりしていれば、英語を使いこなすのに十分と言えます。**

　しかし、英文法の本はその性質上、説明がどうしても込み入ったものになってしまうので、全体として難しいイメージのものが大半でした。そこで、できるかぎりわかりやすい文法本をつくりたい、また、それでいてしっかり知識を盛り込んで、身につければ確実に力になるようにしたい──そんな思いから本書はスタートしました。

　本書は無駄をそぎ落としたシンプルなつくりで、文法項目はできるかぎりきれいに整理しています。ビジュアルを重視した紙面展開で、エッセンスがスッと頭に入るようにして、理解しやすい、読者にやさしい文法本を目指しました。

　本書は全体を文法項目に合わせて 30 の UNIT で構成しています。「1 日でできる」と銘打っていますが、**各 UNIT の最初の見開きにある文法説明のコーナーだけであれば、通して読めば 1 日で完了できるボリュームです。**文法説明の後には簡単な「Exercise!」が用意されているので、文法知識が身についたかどうか確認することができます。

　また、本書のもう一つの大きな特徴は、**身につけた文法知識**

を会話へと橋渡しすることです。UNITの最後には「瞬間英作文トレーニング！」のコーナーがあり、左ページの日本語を参考にして、右ページの会話フレーズを話す練習をします。会話フレーズには文法のエッセンスが組み込まれているので、話すことで文法力を確実なものにして、同時に会話力もつけることができます。そのためにも、必ず声に出して何度も言ってみましょう。

　仕事で海外に駐在する人が中学校の英語の教科書を勉強し直したという話を何度か聞いたことがあります。仕事の現場では単語や表現は中学英語では足りないところもありますが、文法については中学英語で十分なのです。また、英語を話すには難しい構文は必ずしも必要なく、基本的な文法を使いこなせば日常会話やビジネス会話は十分に操れます。その点においても、中学英語を復習することは理にかなっているわけです。

　英文法は一度しっかり身につければ、英語の血肉になりずっと使い続けることができます。いわば、英文法は「一生モノ」です。

　ぜひ、この機会に本書にしっかりお付き合いいただき、一生モノの英文法の基礎を身につけていただきたいと思います。それが何よりわれわれ著者の願いでもあります。

著者

目次

はじめに ……………………………………………… 2
本書の使い方 ………………………………………… 8
品詞の説明 …………………………………………… 13
文法用語の説明 ……………………………………… 15

第1章 文をつくる10のオキテ

UNIT 1　自動詞 ……………………………………… 18
自動詞は単独で使う。第1・2文型をつくる!

UNIT 2　他動詞 ……………………………………… 24
他動詞は目的語と使う。第3・4・5文型をつくる!

UNIT 3　be 動詞 …………………………………… 30
be は=の働きをし、主語=補語を表す!

UNIT 4　There is 〜 . ……………………………… 36
There is は「ある」「いる」を表す!

UNIT 5　命令文と Let's …………………………… 42
命令文は動詞の原形で始める!

UNIT 6　過去形 ……………………………………… 48
過去形は「過去の行動や状態」を表す!

UNIT 7　現在完了 …………………………………… 54
現在完了形は「完了・結果」「経験」「継続」を表す!

- **UNIT 8　未来形** …… 60
  未来形はこれから起こる行動や状態を表す!
- **UNIT 9　進行形** …… 66
  進行形は、動作が進行中であることを表す!
- **UNIT 10　受動態** …… 72
  受動態は「～される」。受け身の意味を表す!

第2章　表現を豊かにする10のオキテ

- **UNIT 11　助動詞①** …… 80
  助動詞は動詞の意味に深みをもたせる!
- **UNIT 12　助動詞②** …… 86
  助動詞にも過去形がある!
- **UNIT 13　疑問詞①** …… 92
  疑問詞は5W1H
- **UNIT 14　疑問詞②** …… 98
  疑問詞にはプラスαの使い方がある!
- **UNIT 15　間接疑問文と付加疑問文** …… 104
  2つの疑問文を合体させると間接疑問文になる!
- **UNIT 16　感嘆文** …… 110
  感嘆文はHowとWhatでつくる!

目次

UNIT 17　動名詞　……………………………………116
動詞は名詞になれる!

UNIT 18　不定詞①名詞用法　………………………122
〈to +動詞〉は「〜すること」を表す!

UNIT 19　不定詞②形容詞用法　……………………128
〈to +動詞〉は名詞を修飾する!

UNIT 20　不定詞③副詞用法　………………………134
〈to +動詞〉は目的と理由を表す!

第3章　部分を整える10のオキテ

UNIT 21　形容詞　………………………………………142
形容詞は名詞の性質や状態を説明する!

UNIT 22　副詞　…………………………………………148
副詞は「動詞」「形容詞」「副詞」「文全体」
「語句」を修飾する!

UNIT 23　比較　…………………………………………154
比較には3種類ある!

UNIT 24　名詞　…………………………………………160
名詞はモノやコトの名前を表し、
文のさまざまな要素になる!

UNIT 25 代名詞 ……………………………………166
代名詞は名詞の代わりをする!

UNIT 26 関係詞 ……………………………………172
関係詞は2つの文を結ぶ!

UNIT 27 仮定法 ……………………………………178
仮定法は未来と過去を見つめる!

UNIT 28 接続詞 ……………………………………184
接続詞は2つの節を結ぶ!

UNIT 29 分詞 ………………………………………190
分詞には現在と過去がある!

UNIT 30 前置詞 ……………………………………196
前置詞は名詞や動名詞の前に置く!

コラム①:うっかり間違えてしまう be 動詞と一般動詞 …… 78
コラム②:疑問詞+ to 不定詞……………………………… 140
コラム③:Most? Almost? Most of...? …………………… 202

巻末付録:まるごと中学英文法例文163 ………………… 203

本書の使い方

本書は全30UNITで構成されています。

1つのUNITは

という構成になっています。

文法の復習は1UNIT 2ページ×30UNITなので、60ページで完了できます。中学三年間で学ぶ基本的な文法はすべておさえてあるので、60ページをマスターすれば、中学校の英文法の復習は終えることができます。

復習には繰り返しが大事です。「また忘れちゃった」なんてことにならないように、練習問題の「Exercise!」と実践練習の「瞬間英作文トレーニング!」にもしっかり取り組みましょう。

まずはインプット
文法の基本をシンプルに学習

30の文法の使い方を大事なところだけに絞ってシンプルに学びます。

① UNITの文法項目でおさえておくべき、大事なオキテです。

② 一番基本的な使い方を学習します。

③ 成重先生と妻鳥先生が丁寧に解説をしてくれます。

④ 文法項目の使い方を4〜5つにまとめています。例文と一緒に見ていきましょう。

知識を定着させる
Exercise! で、学習した内容を復習

前ページで学習した使い方を練習問題を解きながら復習しましょう。

① Aは穴埋めや並びかえ、書き換え問題。

② Bは間違いを探して訂正する問題。

③ 右ページが解答・解説になっています。間違えた問題は、解説を読んでしっかりチェックしましょう。

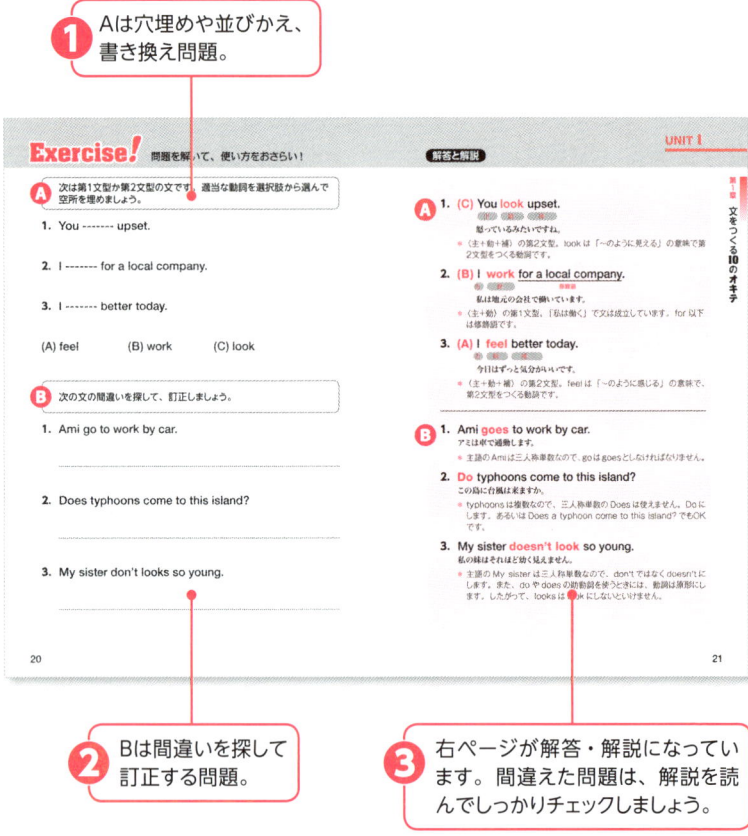

使える力を養う
瞬間英作文トレーニング!で、実践練習

学んだ文法知識を会話で生かすためのトレーニングをしましょう。

① 左ページの日本語の文を見て、どんな英文になるか考えて言ってみましょう。
▶で示すヒントも参考に。わからなければ「使い方」に戻って確認しましょう。

② 英文を見て答え合わせ。最初から自力で英文を作るのが難しければ、まずは英文を読んでみましょう。

③ CDのトラックNo.です。CD内容は「日本語→(ポーズ)→英語」になっています。慣れてきたら、CDを使って発話トレーニング!

11

【CDについて】

　各UNITの「文法学習ページに出てくる英語の例文」と「瞬間英作文トレーニング!」が全て収録されています。英文の速さはナチュラルスピードです。

トラック 02 ～ 31　　UNIT 1～30の瞬間英作文トレーニング!
トラック 32 ～ 61　　まるごと中学英文法例文163

【巻末付録　まるごと中学英文法例文163】

　文法学習ページに出てくる英語の例文を巻末に一覧にしてまとめました。それぞれのUNITの文法の使い方を覚えるための英文なので、この例文を覚えるだけでも基本的な文法をおさえることができます。音声もCDに収録してあるので、スキマ時間のリスニング学習にも役立ててください。

✔ わかる品詞

　中学英語でよく使われる品詞は次の11種類です。英文法をしっかり理解するために、それぞれの品詞とその役割を知っておきましょう。

動詞	「〜する」「〜いる」など、人や物の動作・状態を表します。目的語を必要とするものを他動詞、目的語を必要としないものを自動詞と言います。
名詞	人や物の名前を表します。cat(ネコ)、Tokyo(東京)、idea（考え）などです。数えられる名詞と数えられない名詞があります。
代名詞	名詞を指して、その代用をする言葉です。名詞のくり返しを避ける役割をします。
関係代名詞	代名詞でありながら、2つの文を結びつける役割をします。
形容詞	名詞の性質や特徴を説明します。名詞の前や後ろに置く用法と、be動詞で主語の名詞を説明する用法があります。
副詞	他の言葉を修飾して、程度や強弱、頻度などの要素を加えるものです。副詞は、動詞と形容詞を修飾するほかに、副詞、文全体、特定の語句を修飾できます。
助動詞	動詞を助ける言葉で、動詞の前に置いて意味を追加します。

接続詞	文と文、語句と語句などをつなぐ役割をします。
前置詞	名詞の前に置いて、場所や時間、方向などを示します。
疑問詞	「いつ」「どこ」「だれ」「何」「どのように」など、疑問文で具体的に聞きたい内容を示すのに使います。
冠詞	名詞の前に置いて、その名詞がどんなものかを示します。その名詞が特定されたものであることを示す定冠詞（the）と、その名詞が特定されず一般的なものであることを示す不定冠詞（a, an）があります。

Why can you play the piano so well?
疑問詞　助動詞　代名詞　動詞　冠詞　名詞　副詞　副詞

(どうしてそんなに上手にピアノが弾けるの?)

I lived in Paris when I was young.
代名詞　動詞　前置詞　名詞　接続詞　代名詞　動詞　形容詞

(私は若いころ、パリに住んでいました)

✔ わかる文法用語

中学の英文法を説明するときによく使われる用語をまとめました。目を通しておくと、文法説明が理解しやすくなります。

主語	文の頭に置いて「〜は」「〜が」を表し、動作主になる言葉です。主語になるのは名詞や代名詞です。略号は S (= Subject) です。
述語	「〜する」「〜である」という動作や状態を示す言葉です。述語になるのは動詞で、述語動詞とも言います。述語=動詞です。略号は V (= Verb) です。
目的語	動詞（他動詞）の直後に置く言葉で、「〜を」「〜に」など動作の対象を表します。目的語になるのは名詞や代名詞です。略号は O (= Object) です。
補語	主語や目的語を説明する言葉です。補語になるのは名詞、代名詞、形容詞です。略号は C (= Complement) です。
修飾語	主語・述語・目的語・補語以外の言葉で、これらを修飾して、補足的な意味を加えます。略号は M (= Modifier) です。
文	主語・述語があって、ピリオドで終わるものを文と言います。英語では Sentence です。
節	主語・述語が1つの文に2セット以上あるときに、その各セットを節と言います。英語では Clause です。

句	2つ以上の単語でできたまとまりで、主語・述語がないものを句と言います。英語では Phrase です。
文型	主語・動詞・目的語・補語のさまざまな組み合わせのことを文型と言います。文型は第1文型から第5文型まで、5つあります。
平叙文	主語・動詞があって、ピリオドで終わる普通の文のことです。平叙文には「肯定文」と「否定文」があります。
肯定文	「〜する」「〜である」という動作・状態を肯定する文です。
否定文	notやneverなど否定を表す言葉を使って、「〜しない」「〜ない」という動作・状態を否定する文です。
疑問文	相手に何かをたずねる文です。Yes/No の答えを求める一般疑問文と、疑問詞（when, where, who, what, why, how）を使って具体的な答えを求める疑問詞疑問文があります。
感嘆文	感情を強調する特殊な文です。How で始める文と What で始める文があります。
命令文	動詞の原形で始めて、「命令」「指示」を表します。本来は主語の You が入っていた文の You が取れた形です。

She keeps her room clean. （肯定文）
主語　　述語　　目的語　　補語
（彼女は部屋をきれいにしている）

第1章

文をつくる 10のオキテ

まずは、英語の基本中の基本をおさらいすることからスタート！　英語の文をつくるためのオキテ10コを成重先生がわかりやすく教えてくれます。

UNIT 1 自動詞(じどうし)

自動詞は単独で使う。第1・2文型をつくる!

使い方 1 第1文型 《主 + 動》

> 第1文型の動詞は目的語を必要としない自動詞を使う

I **jog** every day.
主　動詞　　　　修飾語

私は毎日ジョギングします。

> 付属品の要素。なくても文は成立する

自動詞と他動詞の違い

動詞には**2種類**あります。この2種類は**目的語を必要とするかしないか**で決まります。目的語を必要としないのが「**自動詞**」、目的語を必要とするのが「**他動詞**」です。**自**分で完結しているから**自**動詞で、**他**の言葉（目的語）が必要だから**他**動詞と覚えておきましょう。自動詞は第1文型と第2文型をつくります。

辞書を引くと、自動詞は自、他動詞は他と表示されています。

UNIT 1

 第2文型《主＋動＋補》

You look young.　You = young
主　　動　　　補

若く見えますね。

　第2文型は〈主＋動＋補〉の形です。**主語＝補語**の関係になっていて、自動詞は主語と補語をつなぐ役割です。この文型で使える自動詞は限られています。be 動詞（am, is, are）のほか、become（〜になる）、get（〜になる）、remain（〜のままだ）、look（〜に見える）、seem（〜のようだ）、feel（〜と感じる）などがあります。

3 主語が三人称単数の場合と否定文

　三人称単数（I, we, you 以外）の肯定文（**現在形**）では一般動詞に s を付けます。いわゆる**三単現の s** です。

She lives in Kyoto.
彼女は京都に住んでいます。

↓

She doesn't live in Kyoto.

主　　　動　　　　修飾語

彼女は京都には住んでいません。

　一般動詞の否定文をつくるには、助動詞 do の否定形の don't を動詞の前に置きます。三人称単数のときは doesn't を使います。このとき、**動詞は原形**になります。

 疑問文

Do you live in Kyoto?
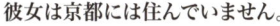
主　動　　修飾語

あなたは京都に住んでいますか。

　一般動詞の疑問文をつくるには、助動詞 do を主語の前に置きます。三人称単数のときは does を使います。このとき、**動詞は原形**になります。

第1章　文をつくる10のオキテ

19

Exercise! 問題を解いて、使い方をおさらい！

A 次は第1文型か第2文型の文です。適当な動詞を選択肢から選んで空所を埋めましょう。

1. You ------- upset.

2. I ------- for a local company.

3. I ------- better today.

(A) feel   (B) work   (C) look

B 次の文の間違いを探して、訂正しましょう。

1. Ami go to work by car.

   ....

2. Does typhoons come to this island?

   ....

3. My sister don't looks so young.

   ....

解答と解説

UNIT 1

A

1. (C) You look upset.
（主／動／補）

怒っているみたいですね。

* 〈主＋動＋補〉の第2文型。look は「〜のように見える」の意味で第2文型をつくる動詞です。

2. (B) I work for a local company.
（主／動／修飾語）

私は地元の会社で働いています。

* 〈主＋動〉の第1文型。「私は働く」で文は成立しています。for 以下は修飾語です。

3. (A) I feel better today.
（主／動／補）

今日はずっと気分がいいです。

* 〈主＋動＋補〉の第2文型。feel は「〜のように感じる」の意味で、第2文型をつくる動詞です。

B

1. Ami goes to work by car.
アミは車で通勤します。

* 主語のAmiは三人称単数なので、goはgoesとしなければなりません。

2. Do typhoons come to this island?
この島に台風は来ますか。

* typhoonsは複数なので、三人称単数のDoesは使えません。Doにします。あるいはDoes a typhoon come to this island? でもOKです。

3. My sister doesn't look so young.
私の妹はそれほど幼く見えません。

* 主語の My sister は三人称単数なので、don't ではなくdoesn't にします。また、do や does の助動詞を使うときには、動詞は原形にします。したがって、looks は look にしないといけません。

Try it out! 瞬間英作文トレーニング!

1 彼女は歩いて通勤しています。
  使い方1 ▶ She walks 〜
  歩いて通勤する= walk to one's company

2 少し気分が悪いです。
  使い方2 ▶ I feel 〜
  気分が悪い= feel bad

3 彼はロンドンには住んでいません。
  使い方3 ▶ He doesn't 〜

4 毎日、料理を作りますか。
  使い方4 ▶ Do you 〜
  料理を作る= cook

5 私は商社で働いています。
  使い方1 ▶ I work 〜
  商社= a trading company

6 (あなたは) とても嬉しそうに見えますよ。
  使い方2 ▶ You look 〜
  嬉しい= pleased

7 いつもお客様が第一です。
  使い方2 ▶ The customer 〜
  第一です= come first

UNIT 1

第1章 文をつくる10のオキテ

🎧 02

She walks to her company.
主　動

❶第1文型。主語は三人称単数なので、walksと動詞にsを付けます。

I feel a little bad.
主　動　　補

❶第2文型。「少し」を表すa littleをbadの前に置きます。

He doesn't live in London.
主　　動

❶第1文型。「住んでいない」とliveを否定します。Heは三人称単数なので、doesn'tを使います。

Do you cook every day?
(動)　主　動

❶第1文型。「作りますか」という疑問文なので、主語のyouに合ったDoを文頭に置いて疑問文の形にします。every day（毎日）は最後に付けます。

I work for a trading company.
主　動

❶第1文型。work forで「～で働く」という意味です。I workで文は完結していて、for以下は修飾語になります。

You look very pleased.
主　動　　　補

❶第2文型。lookは「～のように見える」の意味で、第2文型をつくります。

The customer always comes first.
主　　　　　　　　　　　動　補

❶第2文型。このcomeは「来る」ではなく「～になる」の意味です。「お客様が第一になる」→「お客様が第一です」。

23

UNIT 2 他動詞(たどうし)

他動詞は目的語と使う。第3・4・5文型をつくる!

使い方 1 第3文型 《主 + 動 + 目》

I love my wife.
　主　　動　　　目

私は妻を愛しています。

Point!
第3文型は〈主+動+目〉の形。どの他動詞でも基本的に第3文型をつくることができる。他動詞の文型は大半がこの形である

他動詞には目的語が必要

　他動詞は**単独では使えません**。動作の対象になる言葉が必要です。この動作の対象になる言葉のことを「**目的語**」と呼びます。日本語で、「~を」「~に」に当たる言葉と考えればわかりやすいでしょう。自動詞と他動詞の見分け方は、使ってみて、**「~を」「~に」の要素が必要**なら、それは他動詞ということになります。

UNIT 2

第4文型 《主 + 動 + 目1 + 目2》

He **teaches** us Spanish.
主　　動　　目1「〜に」　目2「〜を」

彼は私たちにスペイン語を教えてくれる。

　第4文型は〈**主＋動＋目1＋目2**〉の形です。**目的語を2つ続けるのが第4文型**の特徴です。第4文型をつくる他動詞は、give（〜に〜を与える）、send（〜に〜を送る）、lend（〜に〜を貸す）、buy（〜に〜を買う）、teach（〜に〜を教える）などが代表的です。

第5文型 《主 + 動 + 目 + 補》

We **call** her Princess.
主　動　目「〜を」　補「〜と」

私たちは彼女を「姫」と呼んでいる。

　第5文型は〈**主＋動＋目＋補**〉の形で、**目的語＝補語**の関係です。**目的語と補語を同時に必要とするのが第5文型**の特徴です。第5文型をつくる他動詞は、call（〜を〜と呼ぶ）、make（〜を〜とする）、keep（〜を〜のままにする）、find（〜を〜だとわかる）などが代表的です。

自動詞と他動詞を兼ねる

I **walk** every morning.
主　動

私は毎朝、散歩をします。
＊このwalkは「散歩する」で自動詞

I **walk** my dog every morning.
主　動　　目

私は毎朝、犬を散歩させます。
＊このwalkは「（犬を）散歩させる」で他動詞

　動詞は自動詞と他動詞にきれいに分けられるものではありません。両方の役割をもった動詞もたくさんあります。つまり、**同じ動詞でも使い方によって、自動詞になったり、他動詞になったりすることがあります**。

Exercise! 問題を解いて、使い方をおさらい！

A 次の語句を並べかえて、正しい文を作りましょう。文頭にくる文字も小文字にしてあります。

1. 外国人は京都が好きです。
(Kyoto / foreigners / like).

....

2. ジャックは私に英語を教えてくれる。
(English / me / teaches / Jack).

....

3. 母が夕食前にわが家の犬を散歩させます。
(our dog / walks / before dinner / my mother).

....

B 次の文の間違いを探して、訂正しましょう。

1. My wife also love me.

....

2. Everybody calls Ken me.

....

3. My girlfriend cooks me to dinner.

....

UNIT 2

解答と解説

第1章 文をつくる**10**のオキテ

1. Foreigners like Kyoto.
　　　　　主　　　動　　　目

＊第3文型。like は「〜が (を) 好きだ」なので、Foreigners が主語で、Kyoto が目的語とわかります。

2. Jack teaches me English.
　　　主　　　動　　目₁　　目₂

＊第4文型。teach は「〜に〜を教える」と目的語を2つ続けられる動詞で、第4文型をつくれます。

3. My mother walks our dog before dinner.
　　　　　　主　　　　動　　　　目

＊第3文型。walk は「〜を散歩させる」という他動詞なので、第3文型になります。before dinner は修飾語で最後に付けます。

---

1. My wife also **loves** me.
　　　　　主　　　　　　　動　　目

妻も私を愛しています。

＊主語の My wife は三人称単数なので、動詞 love には s が必要です。

2. Everybody calls **me Ken**.
　　　　　主　　　　動　　目₁　目₂

だれもが私をケンと呼ぶ。

＊目的語を2つ用いる call（〜を〜と呼ぶ）では、「〜を」「〜と」の順番にしないといけません。

3. My girlfriend cooks me dinner. ＊ to をとる
　　　　　主　　　　　　動　　目₁　目₂

私のガールフレンドは私に夕食をつくってくれます。

＊cook は「〜に〜をつくる」という目的語を2つ続ける用法があります。前置詞の to は不要で、My girlfriend cooks me dinner. でOKです。

27

Try it out!
瞬間英作文トレーニング！

1 彼のことはよく知っています。
  使い方1 ▶I know ～
  よく= well

2 君はいつも僕を幸せにしてくれる。
  使い方3 ▶You always ～
  幸せな= happy

3 メグはいいアイデアを持っているだろうか。
  使い方1 ▶Does Meg ～
  いいアイデア= good ideas

4 子供たちは野菜が好きではありません。
  使い方1 ▶Kids don't ～
  野菜= vegetables

5 最近、上司はスーツを着ていない。
  使い方1 ▶The boss doesn't ～
  上司= boss　着ている= wear　最近= recently

6 良いお年を。
  使い方2 ▶I wish ～　＊「あなたに幸福な年を願う」という第4文型で
  願う= wish

7 君は僕に1万円の借りがあるからね。
  使い方2 ▶You owe ～
  借りている= owe　1万円= ten thousand yen

28

UNIT 2

第1章 文をつくる10のオキテ

🎧 03

I know him well.
主　動　目

❶ 第3文型。well（よく）は最後に置きます。また、この文は I know about him well. でもOKです。その場合は、know の目的語がなくなるので第2文型です。

You always make me happy.
主　　　　　動　目　補

❶ 第5文型。make は「～を～にする」という目的語と補語を用いる第5文型をつくれます。

Does Meg have any good ideas?
(動)　主　動　　目

❶ 第3文型。主語の Meg は三人称単数なので、疑問文にするには Does を文頭に置きます。疑問文の場合には good ideas に any を付けるのがベターです。

Kids don't like vegetables.
主　動　目

❶ 第3文型。主語の Kids は三人称複数なので don't を使って否定文にします。Kids は Children でもかまいません。

The boss doesn't wear suits recently.
主　　動　目

❶ 第3文型。主語の The boss は三人称単数なので doesn't を使って否定文にします。suits はジャケットとパンツの組み合わせなので複数形で使います。

I wish you a happy New Year.
主　動　目1　目2

❶ 第4文型。wish は「～に～を願う」という目的語を2つ用いる第4文型をつくれます。年末の別れの挨拶にそのまま使えます。

You owe me ten thousand yen.
主　動　目1　目2

❶ 第4文型。owe は「～に～を借りている」という目的語を2つ用いる第4文型をつくれます。You owe ten thousand yen to me. の第3文型でもOKです。

29

UNIT 3 be動詞

beは＝の働きをし、主語＝補語を表す！

肯定文

> be 動詞（am, are, is）は主語と補語を「＝」でつなぐ

I am Japanese.

主　動　　　　　補

私は日本人です。

　I　　＝　　Japanese
（私）　　　　　（日本人）

be 動詞の変化に慣れておこう

be 動詞は**主語の格によって変化**します。会話ではとっさに、I なら am、You なら are と続けなければなりません。

格	現在形	過去形
I	am	was
you	are	were
he/she/三人称単数	is	was
we	are	were
you	are	were
they/三人称複数	are	were

否定文

I'm not an American.　　I ≠ an American
主　　動　　　補
私はアメリカ人ではありません。
＊JapaneseやBritishにはa[an]をつけないのがふつうだが、Americanにはつけることが多い

　be動詞の否定文は、**後ろにnotを付けるだけ**で、とても簡単です。会話では短縮形をよく使うので、こちらも覚えておきましょう。isn't、aren't、wasn't、weren'tです。一人称のamの場合はI'm notの形をよく使います。

疑問文

Are you British?　　you = British?
動　　主　　補
あなたはイギリス人ですか。

　be動詞の疑問文は、**be動詞を主語の前に出すだけ**です。

過去形

I once **was** a teacher.
私は昔、先生をしていました。

My parents both **were** teachers.
両親はどちらも、先生をしていました。

　be動詞の過去形は人称・単数か複数かに合わせて、wasかwereを使います。**Iと三人称単数はwas、それ以外はwere**です。

第1文型のbe動詞は「存在」を表す

The key **is** in the top drawer.
主　　動　　場所を表す言葉
カギは一番上の引き出しの中にあるよ。

　be動詞は第1文型（補語なし）で使うことがあります。第1文型で使うときには「ある」「いる」という「存在」を表します。

31

Exercise!

問題を解いて、使い方をおさらい！

A 適当な be 動詞を下から選んで、空所を埋めましょう。

1. They ------- all French.

2. ------- I correct?

3. She once ------- a model.

(A) am　　　　(B) was　　　　(C) are

B 次の文の間違いを探して、訂正しましょう。

1. Is you Chinese?

....

2. I is not Mr. Brown.

....

3. Do kids still in the yard?

....

UNIT 3

解答と解説

A

1. (C) They are all French.
   彼らはみんなフランス人です。
   * 主語は They と三人称複数なので、(C) are を選びます。

2. (A) Am I correct?
   私は正しいかな。
   * 主語は I なので、(A) am を選びます。自分が正しいのかどうか相手に判断してもらう疑問文です。

3. (B) She once was a model.
   彼女は昔、モデルでした。
   * 主語の She は三人称単数で、once（昔）という過去を表す言葉があるので、(B) was が適当です。

B

1. Are you Chinese?
   あなたは中国人ですか。
   * 主語が you なので、それに合わせて be 動詞は Are にします。

2. I am not Mr. Brown.
   私はブラウン氏ではありません。
   * 主語は I なので、be 動詞は am にします。

3. Are kids still in the yard?
   子供たちはまだ庭にいるのかな。
   * be 動詞の疑問文は be 動詞を文頭に移動するだけです。Do は不要で、kids に合わせた Are を文頭に置きます。

Try it out! 瞬間英作文トレーニング！

1 本気ですか。
- 使い方3 ▶ Are 〜
  本気の= serious

2 私はスコットランドの出身です。
- 使い方1 ▶ I'm 〜
  〜の出身である= be from

3 リーはこの会社の営業部長です。
- 使い方1 ▶ Lee is 〜
  営業部長= sales manager

4 そんなにがっかりしていませんよ。
- 使い方2 ▶ I'm not 〜
  がっかりした= disappointed

5 社員は全員がその計画に反対です。
- 使い方1 ▶ All employees 〜
  社員= employee 反対である= be against

6 今が絶好機だ。
- 使い方1 ▶ Now 〜
  絶好機= the perfect time

7 そのとき、私たちはシカゴにいました。
- 使い方5 ▶ We 〜
  そのとき= at that time

Are you serious?
❶相手に向かって聞いているので、Are you で始めます。軽い感じで使えば、日本語の「マジ?」に当たる表現です。「気は確かか」と相手の行動を止める表現としても使えます。

I'm from Scotland.
❶be from に場所を続ければ、自分の出身地を伝える文になります。主語は I なので be 動詞は am で、I'm と短縮させます。I am とすれば、強調するニュアンスになります。

Lee is a sales manager here.
❶Lee は三人称単数なので、be 動詞は is です。「この会社の」は here でOKですが、in this company とすれば具体的になります。

I'm not so disappointed.
❶「そんなに」は so で表します。相手になぐさめられたときの受け答えに使えます。

All employees are against the plan.
❶「社員全員」は All employees で、複数なので動詞は are を使います。「賛成である」は be for で表せます。

Now is the perfect time.
❶Now(今)を主語にして、be 動詞は is で the perfect time とつなげます。the best time などでもOKです。

We were in Chicago at that time.
❶過去の話なので、be 動詞は We に合わせて were とします。「そのとき」は簡単に then でもかまいません。

UNIT 4 There is ～.

There isは「ある」「いる」を表す!

使い方1 主語はbe動詞の後ろに置く

> There は主語を導く「形式的な言葉」で「そこに」の意味はない。主語は be 動詞の後に置く

There is a castle on the hill.

後の主語を導く　動　　主　　　場所を示す言葉

丘の上にお城がある。

新しい情報を伝えるときに使う

There is の文は「〜がありますよ」「〜がいますよ」と会話の相手に伝える役割をします。ですので、その情報は会話の相手にとって**新しいものでなければなりません**。

たとえば、「子供たちはどこ?」という質問に対して、「車の中だよ」と答える場合には、すでに子供たちは既出なので There is[are] の文は使えないわけです。この場合には、They are in the car. などと答えます。

使い方2 be動詞の形は主語に合わせる

There are a lot of things to do.
　　動　　　　主（複数）

やるべきことがたくさんある。

　There の次にくる **be 動詞の形は、その後の主語に合わせます**。主語が単数のときは、現在なら is、過去なら was です。主語が複数のときには、現在なら are、過去なら were になります。文頭の There はいつも同じです。

使い方3 否定文

There isn't enough money for it.
　　動　　　　　　主

それを買うのに十分なお金がありません。

　否定文は **be 動詞に not を付けるだけ**です。短縮形がよく使われます。

使い方4 疑問文

Is there any chance to meet her?
　動　　　　　　主

彼女に会えるチャンスはありますか。

　疑問文は **be 動詞を there の前に出すだけ**です。注意したいのは、疑問文の場合、よく主語に any が付くことです。any は疑問文では漠然と「いくらかの〜」という意味を表します。

使い方5 There is no 〜.

There are no good restaurants around here.
　　動　　　　　　主

このあたりにはいいレストランはありません。

　否定文は There isn't 〜. でもいいのですが、〈There is no 〜.〉のパターンをよく使います。

Exercise!

問題を解いて、使い方をおさらい！

A 適当な be 動詞を選んで、There の文を完成させましょう。すべての選択肢を1回だけ使うようにしてください。

1. There ------- a lot of temples in Kyoto.

2. There ------- a zoo here before.

3. There ------- many shooting stars last night.

(A) were　　　(B) are　　　(C) was

B 次の文の間違いを探して、訂正しましょう。

1. Are there a post office around here?

   ....

2. There once are many factories in the city.

   ....

3. Look! There was a peacock over there.

   ....

UNIT 4

解答と解説

第1章 文をつくる**10**のオキテ

A

1. (B) There are a lot of temples in Kyoto.
京都にはたくさんのお寺があります。

＊主語は a lot of temples で複数なので、(B) are を選びます。

2. (C) There was a zoo here before.
ここには昔、動物園がありました。

＊主語は a zoo と単数です。また、before(昔は)があるので、be 動詞の過去形の (C) was を選びます。

3. (A) There were many shooting stars last night.
昨日の夜は流れ星がたくさんありました。

＊主語は many shooting stars で複数です。また、last night(昨日の夜は)と過去を表す言葉があるので、複数で過去形の (A) were を選びます。

B

1. Is there a post office around here?
このあたりに郵便局はありますか。

＊主語は a post office と単数なので、文頭の be 動詞は Is でないといけません。

2. There once were many factories in the city.
昔はその市にはたくさんの工場がありました。

＊once(昔は)と過去を表す言葉があるので、be 動詞も過去形の were にする必要があります。

3. Look! There is a peacock over there.
見て！ あそこに孔雀がいる。

＊Look!(見て)と相手に注意を喚起しているので、現在のことであるはずです。be 動詞は現在形の is でないとつじつまが合いません。

39

Try it out! 瞬間英作文トレーニング!

1 あの木に猿がいるよ。
   使い方1 ▶There is ～
   あの木に= in that tree

2 今は何もすることがありません。
   使い方1 ▶There is ～
   何もすること= nothing to do

3 ここには桜の木がありました。
   使い方2 ▶There was ～
   桜の木= cherry tree

4 残された予算は十分ではありません。
   使い方3 ▶There isn't ～
   予算= budget　残された= left

5 このあたりにはたくさんのお店があります。
   使い方2 ▶There are ～
   お店= shop

6 もっと安いものはありませんか。
   使い方4 ▶Is there ～
   もっと安い= cheaper

7 私たちの意見に大きな違いはありませんね。
   使い方5 ▶There is ～
   大きな違い= big difference　私たちの意見= our views

UNIT 4

🎧 05

There is a monkey in that tree.
❶ 親子などでもし複数いるのなら、are monkeys とします。どちらでもOKです。

There is nothing to do now.
❶ nothing は「何も〜ない」という意味ですが、名詞としては単数です。したがって、be 動詞は is にします。now は文頭でもかまいません。

There was a cherry tree here.
❶ 過去のことなので be 動詞は was とします。

There isn't enough budget left.
❶ 「ありません」と否定文なので、be 動詞は isn't を使います。その後に、「十分な予算」を表す enough budget をつなぎます。left は後ろから budget にかかります。

There are many shops in this area.
❶ 「たくさんのお店」は many shops です。主語が複数なので、be 動詞は are にします。「このあたりには」は around here でもOKです。

Is there anything cheaper?
❶ 「ありませんか」と疑問文なので、be 動詞を文頭に置きます。「もっと安いもの」は anything cheaper で表します。anything は単数なので、文頭の be 動詞は Is にします。

There is no big difference between our views.
❶ まず「大きな違いがない」をつくります。There is no big difference とします。「私たちの意見に」は「私たちの意見の間に」と考えられるので、前置詞は between を使います。between our views となり、これを後ろに付け加えます。

第1章 文をつくる10のオキテ

41

UNIT 5 命令文とLet's

オキテ

命令文は動詞の原形で始める!

使い方 1 一般動詞

> 命令文はいきなり動詞の原形で始めるのがポイント。本来は相手を表すYouがあったが、それが省略されたと考えられる

Do your best!

動

ベストを尽くせ!

命令の強弱はシチュエーションや言い方で変化

命令とひとことで言っても、**強弱のニュアンスは状況によって違ってきます**。Stop it!（やめて!）なら嫌なことをされているのを止める強い命令ですが、Go ahead.（どうぞ）なら相手に発言や行動を促すていねいな言い方です。命令文と言っても、**必ずしも高圧的とは限らず**、その強弱やニュアンスはシチュエーションや言い方によって違ってきます。

使い方 2 〈be動詞 + 形容詞・名詞〉

Be serious!
まじめにやって！

Be a good boy.
いい子にしてなさい。

be 動詞の命令文は、**原形の be で始めます**。後ろには形容詞や名詞が続きます。

使い方 3 pleaseを付ける

Please reply to this e-mail.
このメールにお返事ください。＊この場合は、相手が必ずメールに返信すると予測できる

命令文の前後に please を付けると丁寧になると思うかもしれませんが、必ずしもそうではありません。命令文のニュアンスはそのままです。please を付ける命令文は、**相手がすることが予測できるときに、その行動を促す**のに使います。何かを丁寧にお願いするときには、May I ask 〜? や Could you 〜? などの依頼文を使いましょう。

使い方 4 否定の命令文

Don't be upset!
怒らないでよ！

命令文の否定形は、動詞の原形の前に **Don't を付けるだけ**です。

使い方 5 Let's 〜で勧誘する

Let's chat over coffee.
コーヒーでも飲みながらおしゃべりしましょう。

Let's は省略形で、本来は〈Let us 〜.〉で「私たちに〜させましょう」という意味で、転じて「〜しましょう」となります。つまり、自分たちに命令しているわけですね。

UNIT 5

第1章 文をつくる10のオキテ

Exercise! 問題を解いて、使い方をおさらい！

A 適切な動詞を下から選んで、命令文を完成させましょう。

1. ------- me see.

2. ------- a nice day.

3. Please don't ------- in any liquid items.

(A) bring   (B) let   (C) have

B 次の文の間違いを探して、訂正しましょう。

1. Has a nice weekend.

   ....

2. Be not noisy!

   ....

3. Give please me a round ticket.

   ....

解答と解説

A

1. (B) Let me see.
ええと。

* let は「〜させる」の意味で、Let me see. で「ええと」「そうねえ」など、少し考えていることを表す会話表現になります。

2. (C) Have a nice day.
いい一日をお過ごしください。

* 別れる相手にかける、あいさつ言葉です。

3. (A) Please don't bring in any liquid items.
液体は持ち込まないでください。

* bring in で「〜を持ち込む」という意味を表します。飛行機に搭乗する際の注意を表す文になっています。

B

1. Have a nice weekend.
いい週末を。

* 命令文の動詞は原形で使います。したがって、Has はおかしく、Have にしないといけません。

2. Don't be noisy!
騒がしくしないで!

* 否定の命令文は、動詞の前に Don't を付けるのがルールです。be 動詞の場合でも Don't be 〜となります。

3. Please give me a round ticket.
往復切符をください。

* 命令文に please を付ける場合、その位置は文頭か文末です。文末の場合には、Give me a round ticket, please. になります。

Try it out! 瞬間英作文トレーニング！

1 お静かにお願いします。
使い方 2&3 ▶Be 〜
静かな= quiet

2 食事をお楽しみください。
使い方 1 ▶Enjoy 〜
食事= meal

3 駅員さんに聞いてみて。
使い方 1 ▶Ask 〜
駅員さん= station staff

4 遠慮なく連絡してください。
使い方 4 ▶Don't 〜
遠慮する= hesitate　連絡する= contact

5 自己紹介をさせてください。
使い方 1 ▶Let 〜
自己紹介する= introduce oneself

6 そんなばかなこと言わないで。
使い方 4 ▶Don't 〜
そんなばかなこと= such a silly thing

7 私たちの旅行の計画を話し合いましょう。
使い方 5 ▶Let's 〜
話し合う= discuss　旅行計画= travel plan

UNIT 5

Be quiet, please.
- Please は文頭でもOKです。会議を始めるときやテニスの試合のときによく使う文です。

Enjoy your meal.
- 「あなたの食事をお楽しみください」とします。レストランでウエイターがかけるお決まりの言葉です。

Ask the station staff.
- 「聞く」は ask を使います。外国人に尋ねられて、電車の乗り継ぎなどを自分で案内できないときにはこう言いましょう。

Don't hesitate to contact me.
- 「遠慮しないで」と否定なので Don't hesitate で始めます。この後に不定詞（p.122）を使って「連絡する（こと）」を続けます。連絡する相手は「私」と考えられるので最後は me です。

Let me introduce myself.
- 「〜させる」は Let を使います。正確には「私に自己紹介させてください」なので、Let の次は me で、その後に introduce myself を続けます。

Don't say such a silly thing.
- 「言わないで」と否定の命令文ですから、Don't で始めて、次は「言う」の say です。これに「そんなばかなこと」を続けます。

Let's discuss our travel plan.
- 「〜しましょう」なので、Let's で始めます。次が「話し合う」の discuss、そして「私たちの旅行計画」の our travel plan が続きます。

第1章 文をつくる10のオキテ

UNIT 6 過去形(かこけい)

オキテ

過去形は「過去の行動や状態」を表す！

使い方1 動詞を過去形に変化させる

I **met** her
meetの過去形

> 過去を表す言葉がよく一緒に使われる

at yesterday 's party.

彼女には昨日のパーティーで会いました。

動詞の過去形のつくり方

動詞を過去形にするには、**規則動詞は語尾に ed を付けるだけ**です。e で終わる動詞には d のみを付けます。y で終わる規則動詞は y を i に変えて ed を付けます。

不規則動詞はそれぞれの変化を覚える必要があります。

	原形	過去形	完了形
A-B-C 型	give	gave	given
A-B-B 型	tell	told	told
A-B-A 型	run	ran	run
A-A-A 型	put	put	put

UNIT 6

使い方 2 否定文

I didn't work overtime yesterday.
昨日は残業をしませんでした。

過去形の否定文をつくるには、助動詞の did の否定形 **didn't[did not] を動詞の前に**置きます。このとき、動詞は原形になります。did が過去を表すので、二重に過去形を使う必要はないわけです。

使い方 3 過去形の疑問文

Did you **work** overtime yesterday?
昨日は残業をしましたか。

疑問文は Did を文頭に置き、**動詞は原形**を使います。主語の人称にかかわらず、この形です。

使い方 4 過去形のときによく使う言葉

I worked for the company **in 2011**.
2011年には私はその会社で働いていました。

過去形を使うときに、過去を示す言葉は必ずしも必要ではありませんが、実際には過去を示す言葉を一緒によく使います。last Sunday（先週の日曜日）、ten years ago（10年前）、at that time（あのとき）、when I was young（若かったころ）、in 2011（2011年に）などです。

> 過去形の行為や状態は過去で完結していなければなりません。「あのときは〜した」「あのときは〜だった」というイメージです。過去を示す言葉が入れば、使うのは過去形です。行為や状態が過去で終わっていなくて、現在まで影響を及ぼしているときには、次の UNIT 7 で学ぶ現在完了形を使います。

	過去	現在
過去形	● ◀ 過去で完結する	
現在完了形	●────────▶	◀ 現在に影響する

49

第1章 文をつくる10のオキテ

Exercise! 問題を解いて、使い方をおさらい！

A 空所に入れるのに適当な動詞を選んで文を完成させましょう。動詞は必要があれば、過去形に変化させてください。

1. I ------- Jim yesterday.

2. He ------- the company last month.

3. Did you ------- to the party?

(A) go　　　　(B) meet　　　　(C) quit

B 次の文の間違いを探して、訂正しましょう。

1. We play tennis last Sunday.

　...

2. The copier breaks again this morning.

　...

3. I don't lock the gate last night.

　...

解答と解説

UNIT 6

A

1. (B) I met Jim yesterday.
私は昨日、ジムに会いました。

* Jim と人が続いているので、(B) meet を選び、過去形の met に変えます。

2. (C) He quit the company last month.
彼は先月、会社を辞めました。

* the company が続いているので、「辞める」の意味のある (C) quit が適当です。quit は不規則変化の A-A-A 型で、過去形も quit です。

3. (A) Did you go to the party?
パーティーに行きましたか。

* to the party が続くので、(A) go を選びます。過去形の疑問文になっていて、Did が文頭にあるので、go は原形のままです。

B

1. We played tennis last Sunday.
私たちは先週の日曜日にテニスをしました。

* last Sunday と過去を表す言葉があるので、played と過去形にしないといけません。

2. The copier broke again this morning.
コピー機が今朝また壊れた。

* this morning と時を表す言葉があり、現在形ではおかしいので、過去形にします。break の過去形は broke です。

3. I didn't lock the gate last night.
昨日の夜、門にカギをかけなかった。

* これも last night と過去を表す言葉があるので、過去形が適当です。否定文なので didn't にします。

51

Try it out!
瞬間英作文トレーニング！

1 私は6時に会社を出ました。
使い方 1 ▶I left 〜
会社= office

2 パーティーで彼女に会いましたか。
使い方 3 ▶Did you 〜
パーティーで= at the party

3 私たちは今日クライアントを訪問しました。
使い方 1 ▶We visited 〜
クライアント= client

4 配管工に電話した？
使い方 3 ▶Did you 〜
配管工= plumber

5 私の娘は入学試験に合格しました。
使い方 1 ▶My daughter 〜
合格する= pass　入学試験= the entrance exam

6 あなたのスピーチにとても感銘を受けました。
使い方 1 ▶Your speech 〜
感銘を与える= impress　とても= really

7 会社は今年だれも採用しなかった。
使い方 2 ▶The company didn't 〜
採用する= hire　だれも= not 〜 anyone

UNIT 6

I left the office at six.
❶ leave の過去形の left を使います。office は決まった場所なので、定冠詞の the を付けます。

Did you meet her at the party?
❶ 過去形の疑問文なので Did から始めます。動詞は原形になるので meet でOKです。

We visited the client today.
❶ visit は規則動詞なので過去形は visited です。

Did you call the plumber?
❶ 過去形の疑問文なので Did で始めます。「電話する」は call で、Did があるので原形で使います。

My daughter passed the entrance exam.
❶ pass は規則動詞で、過去形は passed です。

Your speech really impressed me.
❶ 「あなたのスピーチは私にとても感銘を与えました」と考えて、文をつくりましょう。impress は規則動詞なので過去形は impressed です。really は副詞なので、動詞の impressed の前に置きます。

The company didn't hire anyone this year.
❶ 過去形の否定文なので、didn't を使います。動詞は原形になるので hire のままで、「だれも」に当たる anyone を続けます。

第1章 文をつくる10のオキテ

UNIT 7 現在完了

オキテ 現在完了形は「完了・結果」「経験」「継続」を表す!

使い方 1 現在完了の「完了・結果」

〈have[has] +過去分詞〉でつくる

I **have** already **finished** lunch.
助動詞のhave　　　　　　　動詞の過去分詞

もうランチは済ませました。

現在完了が表すのは現在のこと

現在完了は**あくまでも現在のこと**を述べるのに使います。視点は現在にあります。たとえば、上の例文は「もうランチを済ませた」と「完了・結果」の意味ですが、厳密に言えば、「今はランチをすでに済ませてしまった状態だ」で、「だからあなたと一緒にランチには行けない」とか「だからもうおなかがいっぱいです」とかを相手に伝えているのです。

I finished lunch.（ランチを終えました）と過去形にすれば、**過去の事実**を言うことになります。

使い方2 現在完了の「経験」

I have been to Russia three times.
ロシアには3回行ったことがあります。

経験を表すのにも現在完了が使えます。「～に行ったことがある」は have been to を使うので、この形を覚えておきましょう。have gone to だと「～に行ってしまった」と完了・結果の意味になります。

使い方3 現在完了の「継続」

Tim **has been** in LA since last Sunday.
ティムは先週の日曜からずっとロサンゼルスに滞在している。

過去の一時点から現在まで続いている行動・状態を表すのにも現在完了を使います。継続を表す場合には、過去の一時点を示す言葉がよく一緒に使われます。

使い方4 否定文・疑問文

I haven't had lunch yet.
まだ昼食を食べていません。

現在完了の否定文をつくるには、**have[has] に not を付けます**。通常は haven't [hasn't] という短縮形を使います。ただし、経験の否定文には not の代わりに never（一度も～ない）をよく使います。

Have you **been** to Russia?
ロシアに行ったことはありますか。

現在完了の疑問文をつくるには、have [has] を文頭にもってくるだけです。

❗ 現在完了には一緒によく使う言葉があります。
〈完了・結果〉 already（すでに）、just（まさに）、now（たった今）
〈経験〉 once（かつて）、～ times（～回）、
～ years before（～年前に） ＊ago は現在完了では使えない
〈継続〉 since（～から）、from（～から）、for（～の間）

Exercise!

問題を解いて、使い方をおさらい！

A 次の語句を並べ替えて、正しい文をつくりましょう。文頭にくる文字も小文字にしてあります。

1. あなたはインドに行ったことがありますか。
(been / to India / you / have)?

....

2. 私はすでに自分の仕事を終えました。
(finished / my work / have / I / already).

....

3. 私はまだ彼女に会っていません。
(yet / met / I / her / haven't).

....

B 次の文の間違いを探して、訂正しましょう。**必ず現在完了の文にしてください。**

1. Rick has just arrive.

....

2. I have gone to Germany twice.

....

3. I haven't have breakfast yet.

....

解答と解説

A

1. Have you been to India?
 * 現在完了の疑問文は Have を主語の前に置きます。

2. I have already finished my work.
 * 主語は I で、現在完了の形の have finished を続けますが、副詞の already は have と finished の間にはさむのが一般的です。

3. I haven't met her yet.
 * 主語が I で、現在完了の否定文なので haven't met と続けます。yet は文末に置くのがふつうです。

B

1. Rick has just arrived.
リックはちょうど着いたところだ。
 * has が使われた現在完了なので、arrived と過去分詞を続けなければなりません。

2. I have been to Germany twice.
私はドイツに2回行ったことがあります。
 * twice は「2回」なので、ドイツに行ったという経験を表す現在完了です。行った経験は have been to で表します。have gone to だと「~へ行ってしまった」という完了・結果の意味になってしまいます。

3. I haven't had breakfast yet.
まだ朝食を食べていません。
 * 現在完了の文なので、動詞の have は過去分詞の had にしないといけません。

Try it out! 瞬間英作文トレーニング！

1 ちょうどシェリーに電話したところです。
　使い方1　▶I've just ～
　　　　　電話する= call

2 私はすでに注文品を受け取っています。
　使い方1　▶I've already ～
　　　　　受け取る= receive　注文品= order

3 日本酒を飲んだことがありますか。
　使い方4　▶Have you ～
　　　　　日本酒= Japanese sake

4 私たちの飛行機はまだ到着していません。
　使い方4　▶Our plane hasn't ～
　　　　　到着する= arrive

5 私はこの会社で10年間働いてきました。
　使い方3　▶I have worked ～
　　　　　～で働く= work for

6 上司にはこのことを話しましたか。
　使い方4　▶Have you ～
　　　　　上司= boss

7 ソウルには数回行ったことがあります。
　使い方2　▶I have been to ～
　　　　　ソウル= Seoul　数回= several times

I've just called Shelly.

❶ just は have と called にはさみます。I have は会話ではよく I've と短縮されます。

I've already received the order.

❶ already は have と received にはさみます。

Have you drunk Japanese sake?

❶「日本酒を飲んだことがあるか」という経験を聞いています。drink は不規則動詞で過去分詞は drunk です。また、drunk の前に ever（これまでに）を置いてもOKです。

Our plane hasn't arrived yet.

❶「まだ～していない」なので、現在完了の否定文にします。主語は Our plane と単数なので、hasn't arrived とします。yet は最後に付け加えます。

I have worked for the company for ten years.

❶「10年間働いてきた」と現在完了の継続の文です。work は規則動詞なので過去分詞は worked です。最後に「10年間」の for ten years を加えます。

Have you told the boss about this?

❶「話しましたか」という現在完了（完了・結果）の疑問文です。Have を文頭に置き、tell の過去分詞の told を使います。

I have been to Seoul several times.

❶「行ったことがある」という経験の現在完了なので、have been to を使います。回数を表す several times は最後に付け加えます。

UNIT 8 未来形

オキテ
未来形はこれから起こる行動や状態を表す！

使い方 1　willを使う「意志未来」

意志未来なので will を使ってつくる

I **will** call you back later.

未来を表す言葉

後でかけ直します。

---

will と be going to の違い

will には単に未来のことを予想する「**単純未来**」と、主語の意志が入る「**意志未来**」があります。上の例文は、「私は電話をかけ直す」という主語の意志が入っているので意志未来です。否定文は will を否定形にして（短縮形の **won't** をよく使います）、疑問文は will を文頭に置きます。

一方、**be going to** は「**予定**」を表すときに使います。否定文は be 動詞を否定形にして、疑問文は be 動詞を文頭に置きます。

使い方 2　willを使う「単純未来」

It'll rain this afternoon.
今日の午後は雨になるようだ。

The patient **will** get better in a week.
患者は1週間で回復するでしょう。

「単純未来」は主語の意志は無関係で、単に**未来の行動や状態を予測**するものです。

使い方 3　be going toを使う「予定」

We**'re going to** visit the client tomorrow.
明日、私たちはクライアントを訪問する予定です。

The year-end party **is going to** be held this weekend.
忘年会は今週末に行われます。

be going to は**決まっている予定**を表すのに使います。

使い方 4　現在進行形を使う「近未来の予定」

I'm leaving Tokyo tonight.
今夜、東京を発ちます。

現在進行形〈be動詞の現在形＋動詞ing〉でも未来を表すことができます。現在進行形は**近い未来の予定**を表すのに使います。

❗ 未来形には未来を表す言葉がよく一緒に使われます。
tomorrow（明日）、this evening（今晩）、next Sunday（来週の日曜日）、by April 30th（4月30日までに）、in a week（1週間後に）、later（後で）などが代表的なものです。

Exercise! 問題を解いて、使い方をおさらい！

A 次の語句を並べ替えて、正しい文をつくりましょう。文頭にくる文字も小文字にしてあります。

1. すぐにそちらに行きます。
(soon / come / I'll / to you).

....

2. 午後には雪が降りそうだ。
(will / snow / this afternoon / it).

....

3. 遅れそうです。
(late / be / I'm / going to).

....

B 次の文の間違いを探して、訂正しましょう。

1. She'll comes soon.

....

2. I visit my uncle next spring.

....

3. We are going to holding a company picnic.

....

UNIT 8

解答と解説

A

1. I'll come to you soon.
 * 相手に電話などで「すぐに行く」と伝える文。soon は最後につけるのが自然です。

2. It will snow this afternoon.
 * 天気の話なので It で始めます。未来を表す will に動詞の snow を続け、this afternoon は最後に付け加えます。

3. I'm going to be late.
 * まず I'm と going to をつなげて、予定を表す形をつくります。to の後は動詞の原形なので be で、これに late を続けます。

B

1. She'll come soon.
彼女はすぐに来るでしょう。
 * She'll は She will なので、will に続くのは原形の come でないといけません。

2. I will visit my uncle next spring.
私は来年の春は叔父を訪れるつもりです。
 * next spring と未来を表す言葉があるので、未来形にするために will visit とします。予定でもあるので I'm going to visit でもOKです。

3. We are going to hold a company picnic.
私たちは社内ピクニックを行う予定です。
 * 予定を表す be going to の次は動詞の原形にしないといけません。

Try it out! 瞬間英作文トレーニング！

1 すぐに戻ります。
  使い方1 ▶I'll be 〜
  戻る= be back

2 私は晩餐会に出席する予定です。
  使い方3 ▶I'm going to 〜
  晩餐会= reception　出席する= attend

3 そのオファーをお受けするつもりです。
  使い方1 ▶I'll accept 〜
  オファー= offer

4 明日はいい天気になってほしいです。
  使い方2 ▶I hope 〜
  いい天気（で）= fine

5 彼女は今日プレゼンをする予定です。
  使い方3 ▶She is going to 〜
  プレゼンをする= make a presentation

6 私たちのフライトは7時30分に出発します。
  使い方4 ▶Our flight is 〜　＊現在進行形で
  出発する= leave

7 上海に転勤になります。
  使い方3 ▶I'm going to 〜
  転勤になる= be transferred　上海= Shanghai

UNIT 8

🎧 09

I'll be back soon.
❶意志未来なので will を使い、I'll be back として、最後に soon を加えます。

I'm going to attend the reception.
❶予定なので、be going to を使います。

I'll accept that offer.
❶オファーを受けるのは私の意志なので、意志未来の will を使います。

I hope it will be fine tomorrow.
❶天気なので単純未来の will を使います。「ほしいです」は I hope を文頭に置いて表します。

She is going to make a presentation today.
❶「プレゼンをする予定です」なので、be going to を使います。

Our flight is leaving at 7:30.
❶現在進行形で is leaving として、近い未来の予定を表します。

I'm going to be transferred to Shanghai.
❶転勤なので予定と考えて、I'm going to とします。「上海に転勤になる」は be transferred to Shanghai です。transfer は「（人事部が）転勤させる」という意味です。

第1章 文をつくる10のオキテ

UNIT 9 進行形

オキテ

進行形は、動作が進行中であることを表す!

使い方 1 現在進行形

〈be 動詞の現在形＋動詞 ing〉でつくる

Kids **are playing** a game.

子供たちはゲームをしています。

進行形はどんな時制でも使える

上の例文は be 動詞が are と現在形なので、**今進行している動作を表す「現在進行形」**の文です。

進行形は be 動詞の時制を変えるだけで、どんな時制にも対応できます。しかし、実際によく使うのは**「現在進行形」「過去進行形」「現在完了進行形」**の3つです。

現在進行形：〈be 動詞の現在形＋動詞 ing〉
過去進行形：〈be 動詞の過去形＋動詞 ing〉
現在完了進行形：〈have ＋ been ＋動詞 ing〉

使い方2 過去進行形

Kids were playing a game **when I came home**.
　　　　be動詞の過去形　　　　　　　　　　　　　過去の一時点を表す言葉

私が帰宅したとき、子供たちはゲームをしていました。

be動詞を過去形にすれば、**過去に進行していた動作を表す「過去進行形」**になります。過去の一時点を表す言葉と一緒に使うのがふつうです。

使い方3 現在完了進行形

Kids have been playing a game **since lunchtime**.
　　　have + be動詞の完了形　　　　　　　　　　過去の動作の起点

子供たちは昼食のときから、ずっとゲームをしています。

be動詞を現在完了形にすれば、**過去から現在まで進行している動作を表す「現在完了進行形」**になります。過去の動作の起点の言葉を一緒に使うのがふつうです。

使い方4 否定文・疑問文

I'm not telling a lie.
嘘ついてないってば。

Have you **been waiting** long?
長く待った？

be動詞にnotをつければ否定文になり、**be動詞を文頭にもってくれば疑問文**になります。ただ、進行形の否定文や疑問文は特殊な状況でしか使いません。

❗ 進行形にできる動詞は一時的な行為を表すものです。play（遊ぶ）、call（電話する）、clean（掃除する）などは一時的な行為を表し、継続性がありません。こういった動詞は進行形にできます。一方、例えばwearは「（服などを）着ている」という継続する動作を表します。そのままで進行中の動作を表せるので、進行形にはできません。進行形にしない動詞には他に、know（知っている）、believe（信じている）、resemble（似ている）などがあります。

第1章　文をつくる10のオキテ

Exercise! 問題を解いて、使い方をおさらい！

A 次の文を進行形に直してみましょう。時制は同じにしてください。

1. Kids watch TV.

   ....

2. I write a report.

   ....

3. They discussed the next plan.

   ....

B 次の文の間違いを探して、訂正しましょう。

1. They talk for a long time.

   ....

2. It has raining through this morning.

   ....

3. We played a golf when the quake happened.

   ....

UNIT 9

解答と解説

A

1. Kids are watching TV.
子供たちはテレビを見ています。

* Kids は複数なので、be 動詞は are とします。

2. I'm writing a report.
私はレポートを書いています。

* 主語は I なので be 動詞は am です。I am はふつう短縮形の I'm を使います。

3. They were discussing the next plan.
彼らは次の計画を話し合っていました。

* discussed と過去形なので、過去進行形にします。They に対応する be 動詞の過去形は were です。

B

1. They are talking[have been talking] for a long time.
彼らは長い間、話しています。

* for a long time と時間の幅を示す言葉があるので、現在形では不自然です。現在進行形か、現在完了進行形にします。

2. It has been raining through this morning.
午前中はずっと雨が降っています。

* 現在完了進行形は〈have + been + 動詞 ing〉です。抜けている been を補います。

3. We were playing a golf when the quake happened.
地震が起こったとき、私たちはゴルフをしていました。

* when the quake happened という過去の一時点の動作なので、その動作は継続していないと不自然です。したがって、過去進行形の were playing とします。

第1章 文をつくる10のオキテ

Try it out! 瞬間英作文トレーニング！

1 それを調べているところです。
   使い方1 ▶I'm checking 〜

2 冗談じゃないからね。
   使い方4 ▶I'm not 〜
   冗談を言う= joke

3 そろそろお暇します。
   使い方1 ▶I'm 〜
   お暇する= leave　そろそろ= now

4 まあ、お口が上手ですね。
   使い方1 ▶Oh, you're 〜
   お口が上手である= flatter

5 ここで遊んでいたの?
   使い方3&4 ▶Have you 〜

6 午後3時に来客があります。
   使い方1 ▶I'm expecting 〜
   （来客を）待つ= expect　客= client

7 何百万人もの人たちがこの決勝戦を見ている。
   使い方1 ▶Millions of people 〜
   決勝戦= final

UNIT 9

I'm checking it.
- 主語は I なので be 動詞は am を使い、I'm checking とします。

I'm not joking.
- 「冗談じゃないからね」→「冗談を言っているのではない」と考えます。現在進行形の否定文にします。

I'm leaving now.
- 「そろそろお暇します」→「今、去るところです」と考えます。パーティーや会から早めに抜けるときの決まり文句として使えます。

Oh, you're just flattering me.
- 「お口が上手ですね」→「お世辞を言っていますね」と考えて、flatter を現在進行形で使います。just は flattering を強調していて、より自然な言い方になります。「まあ」は Oh で問題ありません。

Have you been playing here?
- 過去の一時点から今までの継続的な動作と考えて、現在完了進行形にします。疑問文なので Have you で始めます。

I'm expecting the client at 3 p.m.
- 「待つ」の丁寧な言い方は expect で、ビジネスでよく使います。現在進行形で近い未来の予定を表します。

Millions of people are watching this final.
- Millions of people は複数なので、be 動詞は are にします。

第1章 文をつくる 10 のオキテ

UNIT 10 受動態(じゅどうたい)

オキテ

受動態は「～される」。受け身の意味を表す!

使い方 1 〈be動詞＋過去分詞〉でつくる

能動態 **Meg took this photo.**
主　　動　　目

This photo was taken by Meg.
能動態の目的語が主語に　　be動詞 + 過去分詞　　能動態の主語はbyの次に

動作主は by ～で表す

この写真はメグによって撮られた。

能動態と受動態

能動態と受動態は意味的には同じことを表しますが、**どちらを使うかはシチュエーション**によって決めます。

英語の場合には、基本的に最初に重要な情報がきます。つまり、**主語が一番言いたい情報**を示します。上の例では内容的には同じことを言っていても、能動態では Meg が this photo よりも重要な情報で、受動態では This photo が Meg より重要な情報ということです。

使い方 2 byのない受動態

I was born in 1988.
私は1988年に生まれました。

動作主が明らかな場合には、by以下は省略されます。上の例では、動作主は母親に決まっているので示す必要がないわけです。

使い方 3 by以外を用いる受動態

Mt. Fuji **is covered with** snow.
富士山は雪で覆われている。 ← withは状態（snow）を導く

These sweets **are made from** vegetables.
このスイーツは野菜でつくられています。 ← fromは素材（vegetables）を導く

受動態は、**by以外の前置詞と一緒に**使われることがあります。by以外の前置詞は動作主以外の情報を導きます。

使い方 4 感情表現

I'm pleased to meet you.
お会いできて嬉しいです。

感情を表す動詞はplease（喜ばせる）、surprise（驚かせる）、disappoint（失望させる）など、多くが「～させる」の意味です。したがって、**主語が「～する」という意味を表すときには受動態**にして使います。

使い方 5 否定文・疑問文

This photo **wasn't taken** by Meg.
この写真はメグに撮られたのではありません。

Was this photo **taken** by Meg?
この写真はメグに撮られたものですか。

受動態の否定文・疑問文のつくり方は、**be動詞にnotを付ければ否定文**になり、**be動詞を文頭に出せば疑問文**になります。

第1章 文をつくる10のオキテ

UNIT 10

73

Exercise!

問題を解いて、使い方をおさらい！

A 次の能動態の文を受動態の文に書き換えてみましょう。

1. She runs the restaurant.

　　..

2. Picasso painted this picture.

　　..

3. They keep a variety of animals.

　　..

B 次の文の間違いを探して、訂正しましょう。

1. Paper is supplied the shop.

　　..

2. I told to be waiting here.

　　..

3. The office tower is covered by glass.

　　..

解答と解説

UNIT 10

A

1. The restaurant is run by her.
そのレストランは彼女に経営されている。

* 目的語の The restaurant を主語にします。be 動詞は主語に合わせて is、run の過去分詞は変化せず run です。by の後ろは目的格になるので her とします。

2. This picture was painted by Picasso.
この絵はピカソに描かれた。

* 過去形なので、受動態も過去形の was painted とします。Picasso は固有名詞なので by の後でも同じです。

3. A variety of animals are kept by them.
さまざまな動物が彼らに飼われている。

* 主語は A variety of animals と複数なので be 動詞は are です。keep の過去分詞は kept で、by の後は they の目的格の them にします。

B

1. Paper is supplied by the shop.
紙はその店によって供給されます。

* 受動態の動作主を表す by が抜けているので補います。

2. I was told to be waiting here.
私はここで待っているように言われています。

* ここで待っているように「言われた」と考えられるので、told は過去の受動態の was told にします。

3. The office tower is covered with glass.
そのオフィスタワーはガラスで覆われている。

* 「〜で覆われている」の「〜で」は by ではなく with で表します。

第1章 文をつくる**10**のオキテ

75

Try it out! 瞬間英作文トレーニング!

1 私はハワイで生まれました。
使い方2 ▶I was 〜
生まれる= be born

2 あなたと一緒に仕事ができてうれしいです。
使い方4 ▶I'm 〜
〜できてうれしい= be pleased to　仕事をする= work

3 彼女は経理の経験が豊富です。
使い方2 ▶She is 〜
経験がある= experienced　経理= accounting

4 私は高収入の仕事を提示された。
使い方2 ▶I was 〜
高収入の仕事= a lucrative job　提示する= offer

5 彼のプロポーズはガールフレンドに断られた。
使い方1 ▶His proposal was 〜
プロポーズ= proposal　断る= decline

6 彼女の目は涙でいっぱいだ。
使い方3 ▶Her eyes are 〜
〜でいっぱいだ= be filled with

7 日本の伝統的な家は木でつくられています。
使い方3 ▶Traditional Japanese houses are 〜
〜でつくられている =be made of

I was born in Hawaii.
❶「生まれた」と過去形なので、was born とします。

I'm pleased to work with you.
❶まず「〜できてうれしい」の部分をつくります。主語は I なので、I'm pleased to とします。これに「あなたと一緒に仕事をする」の work with you をつなぎます。

She is very experienced in accounting.
❶「彼女は経験がある」は She is experienced です。これに、「経理の」にあたる in accounting を続けます。「豊富です」は very を experienced の前に置くことで表せます。

I was offered a lucrative job.
❶「私は提示された」は過去形の受動態で、I was offered となります。これに「高収入の仕事」の a lucrative job を続けます。

His proposal was declined by his girlfriend.
❶「彼のプロポーズは断られた」は過去形の受動態で、His proposal was declined です。「ガールフレンドに」は by his girlfriend で、これを続けます。

Her eyes are filled with tears.
❶彼女の目は2つあるはずなので複数にして、Her eyes are filled with とします。「涙」は tears でこれも複数で表します。

Traditional Japanese houses are made of wood.
❶「日本の伝統的な家」は Traditional Japanese houses です。多くの家のことなので複数が適当です。したがって、are made of が続き、最後に素材の wood（木）を加えます。

コラム❶

うっかり間違えてしまう be動詞と一般動詞

　英語の学習を始めた多くの人が間違えてしまうのが、be動詞と一般動詞です。例えば「私は手紙を書く」という文を英語にした場合、I am write a letter. と表現してしまう人が多くいます。正しくはI write a letter. です。これはおそらく、日本語の「私は」の「は」につられてしまい、どんな英文にもbe動詞を使ってしまうからではないでしょうか。be動詞は、＝（イコール）の役割を果たしますので、ここでは「I ＝ write か」と自問してみてください。＝で結びたいものが異なる場合は、be動詞を使わないようにすれば良いのです。

　be動詞と一般動詞を一緒に使う場合として、まずは進行形と受動態をマスターしましょう。進行形の場合は、be＋〜ing、受動態は、be＋過去分詞です。よくあるミスには、be動詞を使わず、I reading.（正しくはI am reading.）と書いたり、This novel written.（正しくはThis novel was written. で、この小説は書かれた）としてしまうことです。文法は公式です。決まった形にあてはめて使うことで、自分の言いたいことを、誤解されず相手に伝えることができます。

第2章

表現を豊かにする 10のオキテ

基本をおさえられたら、次はちょっとだけステップアップ。もう少しだけ豊かに自分の感情を伝えるためのオキテ10コを妻鳥先生がていねいに教えてくれます。

UNIT 11 助動詞①

オキテ

助動詞は動詞の意味に深みをもたせる!

使い方1 動詞の直前に置く

主　動　　目

I [play] the piano.

> 後ろの動詞は必ず原形にする

I [**can** play] the piano.

主　助動詞　　動　　　　　目

私はピアノを弾くことができます。

助動詞の役割

動詞の直前に助動詞をおくと、**動詞の意味に深みが**生まれます。例えば上の例文では、can を使うことで「弾くことができる」となります。例えば、will を使えば「弾くでしょう」という未来のことや、「弾くぞ」といった意志を表現できるのです。また cannot や will not[won't] といった否定形にもできます。**助動詞の後の動詞は、必ず原形**に戻します。

使い方 2 疑問文

Can you come to the party?
あなたはパーティに来ることができますか。

助動詞を**文頭に出す**ことで、疑問文になります。

使い方 3 否定文

He **will not[won't]** come here tomorrow.
彼は明日、ここには来ません。

否定文は、**助動詞に not** をつけます。

使い方 4 must とhave to

You **mustn't** do such a thing.
そんなことをしてはいけません。

You **don't have to** work today.
今日は仕事をしなくてもいいですよ。

助動詞 must は使う人が「〜しなくては」と**自主的に思っている**場合、have to は、規則など**外的な原因で「〜しなくては」と思っている**場合に使います。否定形 must not[mustn't] は「〜してはいけない」という強い禁止、don't have to は「〜しなくてもいいよ」という優しいニュアンス。

使い方 5 shall

They **shall** never meet again.
彼らは決して二度と会うことはないだろう。

will には意志が反映されるのに対し、**shall に意志は関係ありません。**また You shall have this book. は、直訳すれば「あなたはこの本を持つでしょう」ということで、つまり私があなたにこの本をあげよう、ということになります。

Exercise! 問題を解いて、使い方をおさらい！

A 次の文を疑問文にしましょう。

1. Peter can come to the conference.

   ....

2. You will finish this project by next week.

   ....

3. Pete has to do his homework.

   ....

B 次の文の間違いを探して、訂正しましょう。

1. Lee can speaks French fluently.

   ....

2. You haven't to come early tomorrow.

   ....

3. Shall we can discuss it after lunch?

   ....

解答と解説

UNIT 11

A

1. Can Peter come to the conference?
ピーターは、会議に来ることができますか。

* can は「〜できる」という意味で使われることが多い助動詞です。

2. Will you finish this project by next week?
来週までに、このプロジェクトは終わるでしょうか。

* will は「〜だろう」という未来のことを表現する助動詞です。Will you ...? という形には、「〜してくれますか」という意味合いもあります。

3. Does Pete have to do his homework?
ピートは、宿題をしなくてはいけませんか。

* have to は、そのまま Have to Pete ... (×) のように入れ替えることはできませんので、助動詞 do, does を文頭に持ってきて疑問文にします。

B

1. Lee can speak French fluently.
リーは、フランス語を流暢に話すことができます。

* 助動詞の後は原形の動詞が続きます。

2. You don't have to come early tomorrow.
明日は早く来なくても良いですよ。

* have to を否定にする場合は、don't（三人称単数の場合は doesn't）have to とします。

3. Shall [Can] we discuss it after lunch?
これを昼食後に話し合いましょうか。

* 助動詞が2つ使われていますので、どちらか1つにしましょう。Shall we discuss it ... でも、Can we discuss ... でも、意味が通ります。

第2章 表現を豊かにする10のオキテ

Try it out! 瞬間英作文トレーニング！

1 テッドはとても速く泳ぐことができます。
使い方1 ▶Ted can ~

2 後ろの人、聞こえますか。
使い方2 ▶Can you ~
後ろの人= you [people / everyone] in the back

3 嘘をつくべきではありません。
使い方3 ▶You ~
嘘をつく= tell a lie

4 私たちは、動物にやさしくしなくては。
使い方4 ▶We must ~
やさしくする= be kind

5 私は、宿題を明日までに提出しなくてはいけない。
使い方4 ▶I have to ~
提出する= submit

6 今日は残業をしなくても良いですよ。
使い方4 ▶You don't ~
残業をする= work overtime

7 電話をお借りしてもよろしいですか。
使い方2 ▶May I ~

Ted can swim very fast.
❶can は swim の前に来て、swim は原形になっていることが必須です。

Can you hear me in the back?
❶少しややこしい場合は、in the back を取り、Can you hear me? を覚えましょう。

You should not[shouldn't] tell a lie.
❶should（〜すべきだ）の否定形を用いて、「〜すべきではない」と表現します。

We must be kind to animals.
❶規則などで決まっているのではなく、話者が信じていることですので、must を使いましょう。他に We should be kind to animals. でも同じ意味を表現できます。もちろん have to を使っても決して間違いではありません。

I have to submit my homework by tomorrow.
❶宿題を出すというのは、規制的だと考えられますので、have to を使いましょう。ですが、must を使っても決して間違いではありません。話す人、書く人の気持ちを反映していればいいのです。

You don't have to work overtime today.
❶「〜する必要がない」という do not [don't] have to を使いましょう。

May I use your phone?
❶「電話を借りる」という場合、use を使います。borrow（借りる）という語は、傘など、どこかへ持っていくことができるものに使うことが多いです。

UNIT 12 助動詞②

助動詞にも過去形がある!

使い方 1 could

I can swim.

> could は can の過去形。他の助動詞の過去形も覚えよう

I **could** swim.

can の過去形

私は泳ぐことができました。

いろいろな助動詞の過去形

could 以外に、次の主な過去形を覚えましょう。過去形になっても、**使い方は現在形と同じ**です。ただ、中には過去形特有の意味も出てきますので、それらに注意して使いこなしていきましょう。

現在形	will	shall	may	must
過去形	would	should	might	had to

UNIT 12

使い方 2 Could[Would] you ... ?

Could[Would] you come here please?
こちらに来ていただけますか。

これらを用いて**丁寧な依頼文**を作ることができます。上の例文の please は、you の後に入れることも可能です。Would you marry me?（結婚してくれますか）と相手の意志を聞く言い方が定番です。Could you marry me? と聞くと、条件などで結婚できるかどうかと聞いていることになります。

使い方 3 should

We **should** meet the deadline.
締め切りに間に合わせるべきだ。

主な意味は**「～すべきだ」「～のはずだ」**です。

使い方 4 might

You **might** want to rethink your plan.
そのプランは、考え直した方が良いですよ。

主な意味は**「～かもしれない」「～してもよい」**です。might want to ... で「～した方が良いですよ」と、丁寧で相手を怒らせない命令形になります。

使い方 5 had to

We **had to** wait for Mr. Wilson at the airport.
私たちは、空港でウイルソン氏を待たなくてはならなかった。

I **didn't have to** clean up the room.
その部屋を掃除する必要はなかった。

must の過去形はないため、**「～しなくてはいけなかった」**と過去のことを言いたい場合は、have to の過去形、had to を使います。

第2章 表現を豊かにする10のオキテ

Exercise! 問題を解いて、使い方をおさらい！

A 次の単語を使って、適切な文を作りましょう。先頭にくる単語も小文字になっています。

1. ドアを閉めていただけますか。
(close / could / door / please / the / you)?

....

2. デイヴィッドは、今日の午後会議に来るかもしれません。
(afternoon / come / David / meeting / might / the / this / to).

....

3. 締め切りに間に合わせるため、私たちはより一生懸命仕事をすべきです。
(deadline / harder / meet / should / the / to / we / work).

....

B 次の文の間違いを探して、訂正しましょう。

1. Greg can read about 100 kanji when he was five.

....

2. Did the management had to fire many employees?

....

3. You should want to change that tie.

....

解答と解説

UNIT 12

A

1. Could you close the door, please?
* Would you ...? でも同意になります。

2. David might come to the meeting this afternoon.
* might は may の過去形ですが、意味は過去形にならず、未来に起こる可能性を表現します。

3. We should work harder to meet the deadline.
* should は「〜すべき」という意味で使われることが多く、have to や must と言い換えることも可能です。

B

1. Greg could read about 100 kanji when he was five.
グレッグは、5歳の時に約100個漢字を読むことができました。
* when he was five という過去を示す表現があるので、can を過去形にします。

2. Did the management have to fire many employees?
経営陣は、大勢の従業員を解雇しなくてはなりませんでしたか。
* 助動詞 Did が文頭にあるので、had は原形に直します。

3. You might want to change that tie.
そのネクタイは変えた方がいいですよ。
* 丁寧な命令文は might want to ... の形になります。

第2章　表現を豊かにする10のオキテ

Try it out!
瞬間英作文トレーニング！

1 結婚してくださいますか。
使い方2 ▶Would you ～

2 この用紙に書き込んでくださいますか。
使い方2 ▶Could you ～
用紙に書き込む= fill out the form

3 私たちは締め切りに間に合わせるため、残業をしなければなりませんでした。
使い方5 ▶We had to ～
締め切りに間に合わせるため= to meet the deadline

4 ジョンは、明日の会議に出席するかもしれません。
使い方4 ▶John might ～
出席する= attend

5 その提案については考え直した方がいいでしょう。
使い方4 ▶You might ～
提案= proposal 　考え直す= rethink

6 私たちは、スミス氏を駅で出迎えなくてはなりませんでした。
使い方5 ▶We had to ～
出迎える= meet

7 その件については、上司に報告する必要はありませんでした。
使い方5 ▶We didn't ～ 　その件= that case
上司に報告する= report to one's boss

UNIT 12

Would you marry me?
❶Will you marry me? も同意で、相手の意志をよりダイレクトに聞いています。Would you ... の方が、お願いしている感じが出ます。

Could[Would] you fill out the form, please?
❶丁寧な依頼表現で、この場合は Could[Would] you ... どちらでも大丈夫です。

We had to work overtime to meet the deadline.
❶to meet ... の部分は、in order to meet ... とも言えます。

John might attend the meeting tomorrow.
❶might の代わりに、could を使うと、「出席できるかもしれない(が、可能性は低い)」というニュアンスになります。

You might want to rethink that proposal.
❶提案という表現には、他に suggestion や proposition などがあります。

We had to meet Mr. Smith at the station.
❶出迎えるという表現には、他に〈greet 人 at 場所〉などもあります。

We didn't have to report that case to our boss.
❶報告するという表現には、他に〈inform 人 of〉などもあります。

第2章 表現を豊かにする10のオキテ

UNIT 13 疑問詞①

疑問詞は5W1H

使い方 1 文頭に置く

What do you want to do?

疑問詞

何をしたいですか。

> 疑問詞の種類は wh で始まるものが5つ、h で始まるものが1つある

6つの疑問詞

各疑問詞の基本の役割は、**what（何）、when（いつ）、where（どこ）、who（誰）、why（なぜ）、how（どのように）**を聞くことです。これらの疑問詞は What?（なんだって?）When?（いつ?）などのように1語だけでも疑問を投げかけることができます。これら疑問詞の質問に対しては **Yes または No で答えることはありません。**

疑問詞を使う疑問文は、わからない部分を疑問詞に置き換えて、文頭に置いてつくります。

●疑問文の作り方

This is **a present for you.** （これは、あなたへのプレゼントです）

What is this? （これは何ですか）

UNIT 13

使い方2 Whatは主語と目的語になる

What makes you so happy?　何がそんなに嬉しいの。
　主

What do you like?　何が好きなの。
　目

上の例は what が主語に、下の例では what は目的語になっています。

使い方3 Whoの疑問文と答え方

Who will pick up Ms. Anderson?　＊この who は主語
—Keiko will.
だれが、アンダーソンさんを拾うのですか。——ケイコです。

Who would you like to invite?　＊この who は目的語
—(I want to invite) Mickey and June.
だれを招待したいのですか。——ミッキーとジューンです。

使い方4 whyの答え方

Why did you apply for that job?
なぜ、その仕事に応募したのですか。

— ① (Because) I can use my communication skills.
　　私のコミュニケーションスキルを使えるからです。
— ② To use my communication skills.
　　コミュニケーションスキルを使うためです。

why は「なぜか」と質問する疑問詞なので、**Because ...（なぜなら、～だから）**や、**To ...（～するために）などが返事**となります。

使い方5 How

How did you come here today?　＊移動手段などを尋ねている
今日はどのようにして、ここへ来たのですか。

how の基本は「どのように」です。

第2章　表現を豊かにする10のオキテ

Exercise!
問題を解いて、使い方をおさらい！

A 適切な疑問詞を下から選んで、空所を埋めましょう。

1. ------- makes you angry?

2. ------- is the most popular student in the class?

3. ------- do you usually go to your office?

(A) How　　　(B) What　　　(C) Who

B 次の文の間違いを探して、訂正しましょう。

1. Who did you do such a thing?

   ....

2. Why do you think of the new plan?

   ....

3. What should we meet?

   ....

UNIT 13

解答と解説

A

1. (B) What makes you angry?
なぜ、怒っているのですか。

＊ 直訳すると、何があなたを怒らせているのかという意味です。

2. (C) Who is the most popular student in the class?
クラスで一番人気がある生徒は誰ですか。

＊ the most popular student は誰か、とすると意味が通ります。

3. (A) How do you usually go to your office?
通常どのようにしてオフィスへ行くのですか。

＊ 交通手段を尋ねる How を使うと、意味が通ります。選択肢にはありませんが、他には when を用いて、いつ行くのかを尋ねることもできます。

B

1. Why did you do such a thing?
なぜ、そのようなことをしたのですか。

＊ Who did such a thing? や、Who did such a thing to you?（誰があなたにそのようなことをしたのですか）であればOKですが、この文は Why にすることで意味が通じます。

2. What do you think of the new plan?
新しいプランについてどう思いますか。

＊ どのように考えるか、と think を使う場合は、What do you think ... のように言います。

3. When[Where / Why] should we meet?
いつ（どこで）会いましょうか。（why の場合は「なぜ私たちが会うべきなのですか」）

＊ 私たちが会うべきか、という内容には、when（いつ）、where（どこで）、why（なぜ）などをつけます。また what for も、why と同意です。

第2章 表現を豊かにする10のオキテ

Try it out! 瞬間英作文トレーニング！

1 何を言っているのですか。
使い方 1&2　▶What are ～

2 何をそんなに怒っているのですか。
使い方 1&2　▶What makes ～

3 テーブルにいる女性は誰ですか。
使い方 3　▶Who is ～

4 誰が空港で、私を出迎えてくれるのですか。
使い方 3　▶Who will ～
　　　　　出迎える= meet

5 なぜ、そのように思ったのですか。
使い方 2　▶What ～

6 ドイツの人たちは、どうでしたか。
使い方 5　▶How ～

7 いつ、どこで会いましょうか。
使い方 1　▶When ～

UNIT 13

What are you talking about?
❶ 何について話しているのかと質問する場合と、口調によっては「何を言っているのだ」と怒って言う場合にも使えます。

What makes you so angry?
❶ Why are you so angry? と同じ意味になります。

Who is the lady[woman] at the table?
❶ lady は woman でも同じです。

Who will meet me at the airport?
❶ Who is going to meet me ... でもほぼ同意で、予定として決まっていると考えた場合、is going to ... を使います。

What made you think so?
❶ Why did you think so? と同意です。

How did you like German people?
❶ How did you find German people? としても同意になります。

When and where shall we meet?
❶ When and where? だけでも「いつ、どこで?」という意味で使うことができます。

第2章 表現を豊かにする10のオキテ

UNIT 14 疑問詞②

オキテ

疑問詞にはプラスαの使い方がある!

使い方1 疑問詞+α

> 疑問詞の後に、いろいろな単語を続けると意味が広がる

How long does it take to Toronto?

疑問詞 / プラスα

トロントまで、どれくらいかかりますか。

いろいろなプラスαの使い方

How の後ろには、**many** や **much** を続けて数量、**far** や **long** で距離や所要時間、**often** で頻度、**soon** で早さなどを質問することができます。また **What kind of ...** で種類、**Why don't you ...** で「〜してはどうですか」といった提案を表します。疑問詞に続ける語によって、さらにさまざまな表現ができるようになります。

UNIT 14

使い方 2 How+α

How many books do you have?
何冊の本を持っていますか。

How far is it from here to Tokyo?
ここから東京まで、どれくらいの距離ですか。

「いくらですか」でよく知られている How much (is it)? も、How が形容詞をともなって値段を質問する表現です。How と形容詞や副詞などでつくる疑問表現はたくさんあります。

使い方 3 Whose

Whose pencil is this?
これは誰の鉛筆ですか。

who の所有格 **whose は「誰の」**という意味になります。

使い方 4 What+α

What kind of music do you like?
どんな音楽が好きですか。

What about having a party next Saturday?
来週土曜日にパーティーをするのは、どうでしょう。

What に+αの表現として、よく使われる **What kind(s) of ...「どのような種類の」**、**What about ...「～はどうですか」**を覚えましょう。

使い方 5 Why+α

Why don't you talk with your boss?
上司と話をしてはどうですか。

「～してはどうですか」という意味を表現する **Why don't you ...** をぜひマスターしましょう。

第2章 表現を豊かにする10のオキテ

Exercise! 問題を解いて、使い方をおさらい！

A 適切な語を下から選んで、空所を埋めましょう。

1. How ------- do you go to the museum?　　　（回数・頻度）

2. What ------- making presentations about endangered spices?
   *endangered spices　絶滅危惧種　　　　　　　（〜はどうですか）

3. Why ------- you meet Mr. Brown at the airport?
   　　　　　　　　　　　　　　　　　　　　（〜してはどうですか）

(A) about　　　(B) don't　　　(C) often

B 次の文の間違いを探して、訂正しましょう。

1. How often can you finish this assignment?

   ....

2. Whose kind of courses do they provide at that school?

   ....

3. How far does it take from here to Paris?

   ....

UNIT 14

解答と解説

A

1. (C) How often do you go to the museum?
どれくらい（の頻度で）その博物館に行きますか。

* often は「よく」という意味なので「どれくらいよく」と頻度を尋ねる表現になります。

2. (A) What about making presentations about endangered spices?
絶滅危惧種についてプレゼンを行ってはどうでしょう。

* What about と How about は、同意で使うことができます。How about には、「～についてはどう思われますか」と相手の意向を尋ねる意味もあります。

3. (B) Why don't you meet Mr. Brown at the airport?
空港で、ブラウンさんを出迎えてはどうですか。

* 直訳すれば、どうしてブラウンさんを出迎えないのですか、という意味になります。ちなみに Why don't we ...? は「～しましょうよ」と、誘う意味になります。

B

1. How soon can you finish this assignment?
この課題をどれくらいすぐに終えることができますか。

* can you finish（あなたは終えることができるか）に合うのは、頻度ではなく、早さを尋ねる How soon ... です。

2. What kind of courses do they provide at that school?
あの学校では、どのようなコースを行っているのですか。

* Whose を用いて「誰の種類のコース」としても意味が通じませんが、What kind of ... にすれば「どんな種類の」という意味になります。

3. How long does it take from here to Paris?
ここからパリまで、どれくらいかかりますか。

* 所要時間の聞き方は、How long does it take ... です。far は距離に用いて How far is it (from A to B)? のように使います。

第2章 表現を豊かにする10のオキテ

101

Try it out! 瞬間英作文トレーニング！

1 それは、いくらですか。
使い方 1&2 　▶How ~

2 ここからあなたの家まで、どれくらいかかりますか。
使い方 1&2 　▶How ~

3 この教室には、何台のコンピュータがありますか。
使い方 1&2 　▶How ~

4 週にどれくらい、残業をしますか。
使い方 2 　▶How often ~
　　　　　残業する= work overtime

5 これは、誰のバッグですか。
使い方 3 　▶Whose ~

6 あなたは、どんな映画を見ますか。
使い方 4 　▶What ~

7 チャールズ博士に基調講演をしていただくよう頼むのは、どうでしょう。
使い方 4 　▶What ~
　　　　　基調講演をする= give a keynote talk

102

UNIT 14

🎧 15

How much is it?
❶値段を尋ねる基本的な言い方です。二つ以上のものであれば、How much are they? です。

How long does it take from here to your house?
❶時間の長さを尋ねる言い方です。距離なら How far is it ... です。

How many computers are there in this classroom?
❶How many の後に続く名詞は、可算名詞の複数形になります。How many computers does this classroom have? としても同意。

How often do you work overtime?
❶How often で頻度を質問できます。例えば How many times a month do you work overtime? と聞くと、月に何回残業しますか?と具体的な数字を質問することになります。

Whose bag is this?
❶whose の後には、名詞を続けます。

What kind of movies do you watch?
❶what kind(s) of ... で、種類を質問します。What type(s) of ...? もほぼ同意。

What about asking Dr. Charles to give a keynote talk?
❶What about の後は、名詞または動名詞になりますので、ask(頼む)が asking と動名詞になっています。

第2章 表現を豊かにする10のオキテ

UNIT 15 間接疑問文と付加疑問文

オキテ
2つの疑問文を合体させると関接疑問文になる!

使い方1 疑問文+疑問文=間接疑問文

Do you know? + Where does she live?

↓

Do you know where she lives ?

彼女がどこに住んでいるか知っていますか。

> 2つめの文は平叙文の語順に戻す

2つめの文は平叙文の語順

間接疑問文とは、**2つの疑問文が1つになったもの**です。例えば、Where is the post office? だけなら「郵便局はどこですか」という疑問文ですが、これに Do you know ... をつけて「どこに郵便局があるか、ご存知ですか」と聞きたい場合、Do you know <u>where the post office is</u>? と、where の後が平叙文になります。また、付加疑問文も一緒に勉強しましょう。

使い方 2 間接疑問文の疑問文は、動詞の目的語になる

My mother asked where I was last night.
　　　主　　　動　　　　　目

母に、昨夜どこにいたのか聞かれた。

My mother asked. と、Where was I last night? の2文が1文になったものです。上の場合、where I was last night の部分が、asked の目的語になっています。

使い方 3 疑問文にdo[does]がある場合

I didn't know. + Where **does** he live?
　　　　　　　　　　　　↓
I didn't know where **he lives**.
私は彼がどこに住んでいるのか知らなかった。

疑問文に do[does] がある場合は、**do[does] を抜きます**。

使い方 4 答え方の例

Do you know where the library is?
— Sure. I'll show you the way.
図書館がどこか、ご存知ですか。
――はい。道をお教えしましょう。

使い方 5 付加疑問文は、助動詞の肯定・否定を逆にする

You went to the movies, didn't you?
映画に行ったよね。

went が過去の肯定形なので、did を用いて否定形にします。

You don't like vegetables, do you?
野菜は嫌いですよね。

don't と現在形で否定になっているので、現在形で肯定にします。

第2章　表現を豊かにする10のオキテ

Exercise!
問題を解いて、使い方をおさらい！

A 1と2は、2文を1文にしましょう。3は、付加疑問文にしましょう。

1. Do you know? When was Mr. Lee born?

   ....

2. Didn't you know? Why did he quit his job?

   ....

3. Our boss looks unhappy today.

   ....

B 次の文の間違いを探して、訂正しましょう。

1. Tell me why is it important for you.

   ....

2. There was some milk left in the fridge, was there?

   ....

3. Timmy loves classical music, didn't he?

   ....

UNIT 15

解答と解説

A

1. Do you know when Mr. Lee was born?
リーさんがいつ生まれたか、知っていますか。

＊ when Mr. Lee was born という平叙文に戻します。

2. Didn't you know why he quit his job?
なぜ彼が仕事を辞めたのか、知らなかったのですか。

＊ why he quit his job と平叙文にします。返事は、知っていたのなら、Yes, I did. 知らなかったのなら、No, I didn't. です。

3. Our boss looks unhappy today, doesn't he[she]?
私たちの上司、今日不機嫌そうですね。

＊ looks の部分が、doesn't となります。不機嫌そうなら、Yes, he[she] does. そうでないなら、No, he[she] doesn't. と答えます。

B

1. Tell me why it is important for you.
それがなぜ、あなたにとって大切なのか、私に話してください。

＊ how is it と疑問文になっている部分を、it is と平叙文にします。

2. There was some milk left in the fridge, wasn't there?
冷蔵庫に、ミルクが残っていましたよね。

＊ あるいは There wasn't any milk left in the fridge, was there? も可能。

3. Timmy loves classical music, doesn't he?
ティミーは、クラシックが好きですよね。

＊ あるいは、Timmy loved classical music, didn't he? も可能です。答え方は、好きなら、Yes, he does[did]. 違うなら、No, he doesn't[didn't].

第2章 表現を豊かにする10のオキテ

107

Try it out! 瞬間英作文トレーニング！

1 その映画は、いつ始まるか知っていますか。
使い方1　▶Do you ～

2 彼が誰で、なぜここに来たのかを、私は知っています。
使い方1&3　▶I know ～

3 それを英語でなんと言うか、知っていますか。
使い方1　▶Do you ～

4 彼らは、アメリカ人ですよね。
使い方5　▶They are ～

5 あなたは、お昼ご飯をもう食べましたよね。
使い方5　▶You have ～

6 あなたは、このレポートを月曜日までに提出すると言いませんでしたか。
使い方5　▶You said ～
提出する= submit

7 ここは、暑くてムシムシしていますね。
使い方5　▶It's ～

108

UNIT 15

Do you know when the movie will start?
❶ Do you know? When will the movie start? の2文を1つにします。

I know who he is and why he came here.
❶ I know. と、Who is he? Why did he come here? が1文になっている例です。

Do you know what it is called in English?
❶ Do you know how you say it in English. も可能です。

They are Americans, aren't they?
❶ They are from the United States, aren't they? なども可能。

You have had lunch, haven't you?
❶ 現在完了形も、このように付加疑問文にできます。

You said that you'd submit this report by Monday, didn't you?
❶ Didn't you say that you'd submit this report by Monday? という否定疑問文にしても同意です。

It's hot and humid here, isn't it?
❶ 天候や時間には、形式的な主語 it を使います。

第2章　表現を豊かにする10のオキテ

UNIT 16 感嘆文

オキテ

感嘆文は
HowとWhatでつくる!

使い方1　HowかWhatで始める

How nice
this present is!

What a nice present
(this is)!

なんて、すてきなプレゼントでしょう!

喜びや驚きを表す感嘆文

「なんて、~なのでしょう!」と、**!マーク**をつけて、喜びや驚きを表現するのが感嘆文です。英語では、**How**と**What**を使って表現します。**Howの次には形容詞、Whatの次には、aまたはan、そして形容詞、名詞**と続きます。Howは、How nice!(なんてすてきなのでしょう)やHow terrible!(なんて、ひどいのだろう)など、形容詞を続けるだけでも気持ちを伝えることができます。

UNIT 16

使い方2 Howでつくる

How beautiful Mt. Fuji is!
富士山って、なんてきれいなのだろう！

〈How ＋ 形容詞 ＋ 主 ＋ 動 ＋!〉でつくることができます。書く時は、「!マーク」も忘れないようにしましょう。

使い方3 Whatでつくる

What a beautiful mountain Fuji is!
富士山って、なんてきれいなのだろう！

What で感嘆文をつくるときは〈What ＋ a[an] ＋ 形容詞 ＋ 名詞 ＋ 主 ＋ 動 ＋!〉の形です。

使い方4 通常の文から感嘆文への言い換え

Melinda is a **very** intelligent girl.
メリンダは、とても知的な少女です。
　↓
How intelligent Melinda is!
What an intelligent girl Melinda is!
メリンダはなんて知的な少女なのだろう！

通常の文では very を使って強調している部分を、感嘆文に言い換えることができます。

使い方5 HowとWhatの感嘆文の言い換え

How tall this boy is! = **What** a tall boy (he is)!
なんて背が高い少年なんだろう！

使い方4にあるように、How ... と What ... の感嘆文も言い換えることができます。使い方2と使い方3を思い出しましょう。

第2章 表現を豊かにする10のオキテ

111

Exercise! 問題を解いて、使い方をおさらい！

A 次の文を感嘆文に書き換えましょう。

1. This assignment is very difficult.　　　*how を使って

　

2. Shota is a very friendly boy.　　　*what を使って

　

3. Ms. Kimura is a very talented writer.　　　*what を使って

　

B 次の文の間違いを探して、訂正しましょう。

1. How a demanding job this is!

　

2. How kind boys they are!

　

3. What a nice weather!

UNIT 16

解答と解説

A

1. How difficult this assignment is!
この課題は、なんて難しいのだろう！
* how の後には、形容詞を持ってきます。

2. What a friendly boy Shota is!
ショウタは、なんてフレンドリーな少年なのだろう！
* a very friendly boy の部分を What a friendly boy ... に変えます。

3. What a talented writer Ms. Kimura is!
キムラさんは、なんて才能のある作家なのだろう！
* a very talented writer を、what の後に続けます。

B

1. What a demanding job this is!
これはなんて、大変な仕事なのだろう！
* How demanding this job is! でもOK。

2. What kind boys they are!
彼らはなんて親切な少年たちなのだろう！
* How kind these boys are! なら正解になります。What の後の a [an] は、名詞が複数形の場合にはつきません。

3. What nice weather! ＊aをとる
なんて、いい天気なのでしょう！
* What a .... と言いたくなるのですが、weather は不可算名詞なので、a をつけません。

Try it out!
瞬間英作文トレーニング！

できれば、1〜5はHowとWhat、両方で言ってみましょう。

---

1 これは何と面白い小説なのでしょう。
 使い方 2&3 ▶What an 〜

---

2 今日はなんて湿気が多いのでしょう。
 使い方 2&3 ▶How 〜
　　　　　湿気が多い= humid

---

3 彼らの人間関係は、なんて複雑なのでしょう。
 使い方 2&3 ▶How 〜
　　　　　人間関係= relationship　複雑= complicated

---

4 なんて、散らかっている部屋なんでしょう。
 使い方 2&3 ▶What 〜
　　　　　散らかっている= messy

---

5 あなたは、なんて一生懸命仕事をするんでしょう。
 使い方 2&3 ▶How hard 〜

---

6 それがどんなに大変だったか、知りませんでした。
 チャレンジ！ ▶I didn't know 〜

---

7 どんなに頑張っても、うまくいきませんでした。
 チャレンジ！ ▶No matter how 〜
　　　　　うまくいかない= nothing work

UNIT 16

What an interesting story[novel] this is!
❶ an になる点に注意。How の場合は、How interesting this story[novel] is!

How humid it is today!
❶ 天気では、It is sunny today.(今日は晴れている)のように it is を形式的に使います。What の場合は、What a humid day it is today!

How complicated their relationships are!
❶ What の場合は、What complicated relationships they have!

What a messy room (this is)!
❶ How の場合は、How messy this room is!

How hard you are working!
❶ What の場合は、What a hard worker you are!

I didn't know how difficult it was.
❶ 感嘆文の変形バージョンです。

No matter how hard I tried, nothing worked.
❶ no matter how ... で、「どんなに〜でも」という意味になります。

UNIT 17 動名詞

オキテ
動詞は名詞になれる!

使い方 1 目的語になる

主 動 目
I [play] tennis.

〜ing は動詞を名詞化する

I like **playing** tennis.
主 動 目

私はテニスをするのが好きです。

動詞 + ing で「〜すること」

動詞に ing を付けると、**動詞が名詞に**変わります。これを動名詞といいます。動名詞は名詞と同じように使えます。ただ、名詞に変わったといっても、元の動詞の役割も失っていません。つまり、**動詞と同じように後ろに目的語などを続ける**ことができます。イメージとしては、まさに日本語訳の「〜すること」です。

UNIT 17

使い方 2 主語になる

Collecting stamps is my hobby.
　　主　　　　　　動　　補

切手を集めるのが私の趣味です。

動名詞は名詞ですから、主語になることができます。注意したいのは、**動名詞が主語のとき、動詞は単数の形で受ける**ということです。

使い方 3 補語になる

Seeing is **believing**.
　主　　動　　補

百聞は一見にしかず（見ることは信じること）。

動名詞が補語になる場合は、進行形と同じ〈be ＋ 動詞ing〉の形になります。**進行形との区別に注意**しましょう。動名詞は「～すること」と訳せます。

使い方 4 前置詞に続ける

I look forward to **working** with you soon.
主　　　動　　　　　　　前置詞の目的語

もうすぐあなたと一緒に仕事をするのが楽しみです。

〈look forward to（～を楽しみにしている）〉、〈be[get] used to（～に慣れている）〉、〈object to（～に反対する）〉などには、動名詞を to の目的語として続けます。また **before** や **after** などにも動名詞が続きます。

使い方 5 慣用表現で使う

The old castle **is worth visiting**.
　　　主　　　　　　動

その古城は訪問する価値がある。

動名詞を使う慣用表現があります。例の〈be worth ～ing（～する価値がある）〉のほか、〈have difficulty ～ing（～するのに困る）〉、〈be busy ～ing（～するのに忙しい）〉などです。

第2章 表現を豊かにする10のオキテ

117

Exercise! 問題を解いて、使い方をおさらい！

A 次の単語を使って、適切な文を作りましょう。先頭にくる単語も小文字になっています。

1. 寺巡りは、私の最も好きなことの1つです。
(favorite / is / most / my / of / one / temples / things / visiting).

2. 私の趣味は、読書と映画を見ることです。
(and / are / books / hobbies / movies / my / reading / watching).

3. 夜遅いのは、慣れています。
(a / am / having / I / late / night / to / used).

B 次の文の間違いを探して、訂正しましょう。

1. Be unemployed can produce negative attitudes to work.

2. People in the office look forward to meet the new boss.

3. What do you say to go out for lunch?

解答と解説

UNIT 17

A

1. Visiting temples is one of my most favorite things.

＊動名詞 visiting が主語になり、「訪ねること」という意味になります。

2. My hobbies are reading books and watching movies.

＊動名詞 reading と watching が補語になっています。また読書と映画鑑賞という2つの趣味なので、my hobbies are となっている点も注意しましょう。

3. I am used to having a late night.

＊be[get] used to + 動名詞で「〜に慣れている」という意味になります。過去のことを表現する used + to不定詞と使い分けましょう。I used to have a late night.（以前は夜遅かった）。

B

1. Being unemployed can produce negative attitudes to work.

雇用されていないと、仕事に対し否定的な見方をすることもある。

＊be を being と動名詞にすることで主語になります。

2. People in the office look forward to meeting the new boss.

事務所の人たちは、新しい上司に会うことを楽しみにしている。

＊look forward to の to は前置詞なので、meeting と動名詞にします。

3. What do you say to going out for lunch?

昼食を外で食べるのはどうですか。

＊What do you say to ... で、to 以下について何と言いますか、「〜はどうですか」という意味になります。この to も前置詞なので go を動名詞にします。

第2章 表現を豊かにする10のオキテ

Try it out! 瞬間英作文トレーニング！

1. 外国語を学ぶことは、私にとって楽しいです。
使い方2 ▶Learning ～

2. 少し前に雨が降り出した。
使い方5 ▶It started ～ing
少し前 = a short time ago

3. 私はコンピュータゲームをするのが好きです。
使い方1 ▶I like ～ing

4. この提案について話し合う前に、資料をお渡しします。
使い方4 ▶Before ～ing
資料= handout　渡す= pass out

5. あなたと、あなたのご家族にお目にかかるのを楽しみにしています。
使い方4 ▶I look ～

6. 私は飛行機で旅行することに慣れています。
使い方4 ▶I am used to ～ing

7. 彼の話は、聞く価値があります。
使い方5 ▶His story ～

UNIT 17

Learning foreign languages is fun for me.
❶ learn を動名詞にして、主語にします。

It started raining a short time ago.
❶ 天候や時刻には仮主語と呼ばれる it を使います。

I like playing computer games.
❶ like は動名詞と to 不定詞を続けることができます。**動名詞は楽しんで好きなこと、to 不定詞は「~したい」という意味合いが強くなります。**

Before discussing this proposal, I will pass out handouts.
❶ before の後は、Before we discuss ... としても同意です。動名詞を使うと短く言うことができます。

I look forward to seeing you and your family.
❶ look forward to ~ing は、セットで覚えてしまいましょう。

I am used to traveling by airplane.
❶ be[get] used to ~で、「~に慣れている」という意味になります。「飛行機で」は他に by air なども同意です。

His story is worth listening to.
❶ worth ~ing で「~する価値がある」。彼の話は他に、what he has to say、や what he says など。

第 2 章　表現を豊かにする **10** のオキテ

121

UNIT 18 不定詞①名詞用法

〈to＋動詞〉は「〜すること」を表す！

使い方 1 名詞として使える

> 不定詞の名詞用法は「〜すること」という意味を表現できる

To study hard is important for you.

不定詞の名詞用法

一生懸命勉強することは、あなたにとって大切です。

不定詞の名詞用法

不定詞とは、**to＋動詞の原形**の形になっている部分です。この to＋動詞の原形が名詞のような役割をすることで、**「〜すること」という意味になり、主語や目的語、補語となる**ことができるので、不定詞の名詞用法は動名詞（p116）と似ています。同じように使える場合が多いのですが、中には、不定詞と動名詞で意味が変わる場合もあります。

使い方 2 主語になる

To speak English is difficult for me.
英語を話すことは、私にとって難しいです。

To speak English が主語になっています。不定詞の主語は単数扱いなので動詞は is になります。

使い方 3 動詞の目的語になる

Mr. Wilson wanted **to attend** the conference, but he couldn't.
ウイルソン氏はその会議に出たかったのだが、できなかった。

want は、**to 不定詞を目的語にすることで「～したい」**という意味になります。人に何かをしてほしい場合は、want と to の間にその人を入れます。

I want Mr. Wilson **to attend** the conference.
私は、ウイルソンさんに、その会議に出てほしい。

使い方 4 to不定詞だけを目的語とする動詞

He **refused to work** overtime.
彼は残業することを拒んだ。

他に afford（～する余裕がある）、decide（決める）、expect（～と思う、期待する）、hope（望む）、plan（計画する）、pretend（ふりをする）などがあります。

使い方 5 to不定詞も動名詞も使える動詞

I forgot meeting him.	**I forgot to meet** him.
彼に会ったことを忘れた。	彼に会うことを忘れた。

like も、I like to play tennis. / I like playing tennis. と、**to 不定詞、動名詞両方とも目的語として使う**ことができます。forget, regret, remember, stop, try は、不定詞と動名詞で意味が変わるので要注意。

Exercise!

問題を解いて、使い方をおさらい！

A 次の単語を使って、適切な文を作りましょう。先頭にくる単語も小文字になっています。

1. 締め切りに間に合うことは、私たちにとって大切なことです。
   (deadline / for / important / is / meet / the / to / us).

   ....

2. （あなたに）来週月曜日までに、このプロジェクトを終えてほしい。
   (by / finish / Monday / next / I / project / this / to / want / you).

   ....

3. スタッフォードさんを空港で出迎えることを忘れないでね。
   (airport / at / meet / Mr. Stafford / remember / the / to).

   ....

B 次の文の間違いを探して、訂正しましょう。

1. Paul has decided staying in Germany.

   ....

2. I want you doing exercise more regularly.

   ....

3. Timmy refused attending the meeting.

   ....

UNIT 18

解答と解説

A

1. To meet the deadline is important for us.
  * to 不定詞が主語になっています。

2. I want you to finish this project by next Monday.
  * I want to finish ... なら、「自分が終えたい」ですが、I want you to ... と、wantとtoの間に、してほしい相手を入れることで、「その人にしてほしい」という意味になります。

3. Remember to meet Mr. Stafford at the airport.
  * remember to ... で、「(これから) ～することを覚えている、忘れないでいる」という意味になります。Remember ...ing は、「～したことを覚えている」。

B

1. Paul has decided to stay in Germany.
ポールは、ドイツに留まる決心をした。
  * decide は to 不定詞のみが続きます。

2. I want you to do exercise more regularly.
あなたにもっと規則正しく運動をしてほしい。
  * want 人 to ... で、「(人に) ～してほしい」という意味になります。ちなみに wanting は、「～を欲している、欠乏している」という意味です。

3. Timmy refused to attend the meeting.
ティミーは、その会議に出席することを拒んだ。
  * refuse も、to 不定詞を続ける動詞です。

第2章 表現を豊かにする10のオキテ

Try it out! 瞬間英作文トレーニング！

1 プレゼンすることは、私にとっては難しいです。
使い方 1&2 ▶To make ~

2 私は近い将来、レストランを経営したいと望んでいます。
使い方 3&4 ▶I hope ~
レストランを経営する= run a restaurant

3 私は、あなたにこのレポートをできるだけ早く提出してほしい。
使い方 3 ▶I want ~
できるだけ早く= as soon as possible

4 彼は仕事を辞めないことにした。
使い方 4 ▶He decided ~
辞める= quit

5 禁煙することは、私にとって難しいです。
使い方 1&2 ▶To stop ~

6 今年の夏は、海外旅行をする余裕がありません。
使い方 4 ▶I cannot afford ~
余裕がある= afford

7 私の夢は、歌手になることです。
使い方 1 ▶My dream ~

To make a presentation is difficult for me.
- To make a presentation という不定詞の名詞用法の部分が主語になっています。

I hope to run a restaurant in the near future.
- 近い将来は、他に in the foreseeable future とも言えます。

I want you to submit this report as soon as possible.
- want と to の間に、してほしい人を持ってきます。

He decided not to quit his job.
- 否定文にするため、not を入れる場合は、基本としては to の前に not を入れます。

To stop smoking is difficult for me.
- To stop smoking で、「禁煙すること」という意味になり、主語になっています。

I cannot afford to travel abroad this summer.
- afford も to 不定詞だけを続ける動詞です。

My dream is to be a singer.
- singer の部分を変えることで、なりたいものを表現することができます。また My dream is to travel in space.（私の夢は宇宙旅行です）のように、したいことも表現できます。

UNIT 19 不定詞②形容詞用法

オキテ
〈to+動詞〉は名詞を修飾する!

使い方 1　直前の名詞を修飾する

I have lots of books **to read**.

私は読むべき本をたくさん持っています。

→ to 不定詞・形容詞用法

> to 不定詞・形容詞用法は、名詞を修飾する形容詞の役割を持っている

形容詞の働きをする to 不定詞

books to read「読むための本」、something to eat「食べるための何か・何か食べるもの」などのように、**to 不定詞形容詞用法は、直前の名詞を修飾する形容詞の役割**を果たします。つまり、名詞の内容を詳しく説明するわけです。

UNIT 19

使い方 2 修飾される名詞の内容を説明する

I had a chance to visit and see my grandparents.
祖父母を訪ねて会うチャンスがあった。

修飾されている chance の内容を説明しています。これは、to 不定詞の名詞用法と考えることもでき、to 不定詞には厳密に分類できないものもあります。

使い方 3 前置詞に注意

I don't have a house to live in.
住む家がありません。

「住むための家」なので、前置詞の in が必要になります。live in a house の a house が to の前に出たと考えるとわかりやすいです。

使い方 4 よく使われる定番表現を覚えよう

It seems to be right.
それは正しいみたいだ。

seem[appear] to（～のようだ）、happen to（たまたま～する）、come to（～するようになる）、prove[turn] out to（結果的に～であることがわかる）など、決まった表現で使われます。これらの表現では to 不定詞は文の補語になっています。

❗ time や way などの名詞を修飾する to 不定詞は、言い換えることができます。
　It's time to go to bed now.
　= It's time you went to bed now.
　寝る時間です。
　This is an effective way to solve this problem.
　= This is an effective way you can solve this problem.
　この問題を解くのに、これは効果的な方法です。

第2章 表現を豊かにする10のオキテ

129

Exercise! 問題を解いて、使い方をおさらい！

A 次の単語を使って、適切な文を作りましょう。先頭にくる単語も小文字になっています。

1. すべき仕事がたくさんあります。
(a / do / have / I / lot / of / to / work).

....

2. 何か飲むものがほしいですか。
(drink / like / something / to / would / you)?

....

3. これは、当社の製品を宣伝する良い方法です。
(a / good / is / new / our / this / to / product / promote / way).

....

B 次の文の間違いを探して、訂正しましょう。

1. Alice has a lot of homework to doing.

....

2. Do you need to something read?

....

3. It's time work on this project seriously.

....

UNIT 19

解答と解説

A

1. I have a lot of work to do.
* to do が work を修飾しています。a lot of は much でもOKです。

2. Would you like something to drink?
* something to drink, something to eat などは、覚えてしまいましょう。

3. This is a good way to promote our new product.
* to promote の部分が、way を修飾しています。

B

1. Alice has a lot of homework to do.
アリスは，すべき宿題がたくさんあります。
* to 不定詞の後は、動詞原形になります。

2. Do you need something to read?
何か読むものがいりますか。
* something to read で、「読むための何か＝（何か）読むもの」です。

3. It's time to work on this project seriously.
このプロジェクトに真剣に取りかかるときです。
* It is ... to ... の形も覚えましょう。

Try it out! 瞬間英作文トレーニング！

1 あいにく、使えるお金があまりありません。
▶ Unfortunately, I don't have ～
使う= spend

2 留学するチャンスを、親がくれました。
▶ My parents ～
留学する= study abroad

3 サムが、この製品を宣伝する効果的な方法を思いつきました。
▶ Sam ～
思いつく= come up with　宣伝する= promote

4 書くためのペンを持っていますか。
▶ Do you ～

5 何か食べるものは、いかがですか。
▶ Would you like ～

6 今日はテストのために、勉強すべきことがたくさんあります。
▶ I have much ～

7 日本には訪れるべき、美しい場所がたくさんあります。
▶ There are ～

UNIT 19

Unfortunately, I don't have much money to spend.
❶to spend が money を修飾しています。「お金がたくさん［少し］」という場合は、much [less] を使います。

My parents gave me a chance to study abroad.
❶a chance を to study が修飾しています。

Sam came up with an effective way to promote this product.
❶to promote が (an effective) way を修飾しています。

Do you have a pen to write with?
❶そのペン「で」書くので、最後に with を忘れないようにしましょう。

Would you like something to eat?
❶「食べ物をどうですか」と尋ねる場合の定番表現です。

I have much to study for the test today.
❶much は、many things や a lot of なども可能です。

There are many beautiful places to visit in Japan.
❶Japan has many beautiful places to visit. でも同意になります。

第2章 表現を豊かにする10のオキテ

133

UNIT 20 不定詞③副詞用法

オキテ

〈to＋動詞〉は目的と理由を表す!

使い方 1　目的を表現する

We worked overtime **to meet** the deadline.

to 不定詞・副詞用法

〈to + 動詞〉以下で残業した目的を表している

締め切りに間に合わせるため、私たちは残業した。

副詞の働きをする to 不定詞

I'm glad to see you.（お目にかかれて嬉しいです）という定番表現を使ったことはないですか？ これは to see の部分が不定詞で、I'm glad の理由を説明している副詞用法です。**副詞的な役割を果たすこの不定詞は、動詞を修飾**します。例えば上の例文では、worked を to meet が修飾して、「締め切りに間に合うように→（時間を超えて）働いた」となっています。

使い方 2 動詞を修飾して「〜になる」という結果を表現する

My grandmother lived **to be** 100 years old.
私の祖母は100歳まで生きた。

to 不定詞・副詞用法は、原因や目的以外に、**結果を表現**することもできます。

使い方 3 形容詞を修飾する

I was sad **to hear** the news.
そのニュースを聞いて、悲しかった。

I'm glad to see you. も、この1つで、to see が glad という形容詞を修飾しています。

使い方 4 副詞を修飾する

The box is **too** heavy (for me) **to carry** around.
その箱は、持ち運ぶには重すぎる＝重すぎて持ち運べない。

This suitcase is big **enough to pack** all the clothes.
このスーツケースはすべての服を詰めるのに十分な大きさだ。

慣用的によく使われる表現としては、**too…to 〜（〜するには…すぎる）** と **enough to…（〜するには十分）** の2つがあります。ぜひ覚えましょう。

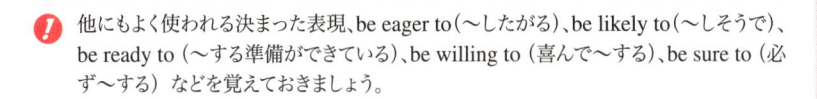

❗ 他にもよく使われる決まった表現、be eager to（〜したがる）、be likely to（〜しそうで）、be ready to（〜する準備ができている）、be willing to（喜んで〜する）、be sure to（必ず〜する）などを覚えておきましょう。

Exercise! 問題を解いて、使い方をおさらい！

A 次の単語を使って、適切な文を作りましょう。先頭にくる単語も小文字になっています。

1. このプロジェクトを終えるため、私たちは遅くまで仕事をした。
(finish / late / project / the / to / we / worked).

....

2. 私の兄は、成長して医者になった。
(a / be / brother / doctor / grew / my / to / up).

....

3. 私は、内気でプレゼンができない。
(a / I'm / make / shy / to / too / presentation).

....

B 次の文の間違いを探して、訂正しましょう。

1. We are very happy discuss this issue.

....

2. My sister grew up a singer.

....

3. What do you do to staying healthy?

....

136

UNIT 20

解答と解説

A

1. We worked late to finish the project.
 * to finish の部分が、worked にかかります。

2. My brother grew up to be a doctor.
 * 結果を表現する to 不定詞・副詞用法です。

3. I'm too shy to make a presentation.
 * too ... to ~で「…すぎて~できない、~するには…すぎる」といった意味になります。

B

1. We are very happy to discuss this issue.
私たちは、喜んでこの件について話し合います。

 * to discuss が happy を修飾しています。

2. My sister grew up to be a signer.
妹は、成長して歌手になった。

 * grew up to .... で、「成長して~になった」という結果を表す表現になります。

3. What do you do to stay healthy?
健康でいるために、何をしていますか。

 * to 不定詞の後は、動詞原形になります。

第2章 表現を豊かにする10のオキテ

137

Try it out!
瞬間英作文トレーニング！

1 いくつかの問題を話し合うために、会議が招集された。
(使い方1) ▶The meeting 〜
会議が招集された= the meeting was called

2 その知らせを聞いて、私は驚きました。
(使い方3) ▶I was 〜

3 この部屋は、会議をするには小さすぎます。
(使い方4) ▶This room is 〜　＊too ... to 〜を使ってみましょう。
会議をする= hold a meeting

4 そんなミスをするなんて、彼はとても疲れていたに違いありません。
(使い方3) ▶He must be 〜
そんなミスをする= make such a mistake

5 失業率は上昇し続けそうです。
(チャレンジ！) ▶Unemployment rates are 〜
上昇し続ける= keep rising

6 このホテルは、大勢の客を泊めるのに十分な大きさです。
(使い方4) ▶This hotel is 〜　＊enough to ... を使ってみましょう。
泊める= accommodate

7 ロッドはそんなに早く昇格して、ラッキーですね。
(使い方3) ▶Rod is 〜
昇格する= get a promotion

UNIT 20

The meeting was called to discuss some problems.
❷to discuss で、目的を表現します。

I was surprised to hear the news.
❷to hear は、驚いた原因を表しています。

This room is too small to hold a meeting.
❷too ... to~を使わない場合は、This room is too small for meeting. のように、不定詞を使わずに表現することもできます。

He must be very tired to make such a mistake.
❷to make という不定詞が tired という形容詞を修飾しています。

Unemployment rates are likely to keep rising.
❷be likely to ... で「~しそうだ」を表現できます。

This hotel is large enough to accommodate many guests.
❷enough to ... で「~するに十分な」です。

Rod is lucky to get a promotion so quickly.
❷lucky という形容詞を to get の不定詞が修飾しています。

第2章 表現を豊かにする10のオキテ

コラム❷

疑問詞＋to 不定詞

　私たちがよく使う「ハウツー」は、how to ... という英語に由来しています。how は疑問詞で、to... の部分は to 不定詞です。how to make a presentation in English（英語でプレゼンを行う方法）のように、how to... は、「～のしかた・方法」「どのように～するか」という意味合いになります。例えば、how to cook なら「料理の仕方・方法」「どのように料理をするか」といった意味合いになります。このように、疑問詞に to 不定詞をプラスする表現を覚えておくと、とても便利です。

　例えば、what＋to 不定詞なら、I didn't know what to say.（何を言うべきか、知らなかった）、Please tell me what to do.（何をすべきか、すべきことを教えてください）など、what の基本「何」の意味合いが出ます。where＋to 不定詞なら、Do you have any idea where to go?（どこに行くべきか、行くべき場所について、何か考えがありますか）となります。when＋to 不定詞であれば、Michael has not decided when to leave（マイケルは、いつ出発すべきか・出発する時を、まだ決めていません）となります。which は、which to read（どれを読むべきか）となり、which book to read（どの本を読むべきか）のようにも使えます。

第3章

部分を整える
10のオキテ

中学英文法のほとんどの表現はおさえたけれど、あと少しだけ。これもしっかりおさえておけば、総復習完了!

UNIT 21 形容詞

オキテ

形容詞は名詞の性質や状態を説明する！

使い方 1　限定用法：名詞の前に置く

> 名詞を直接修飾するので「限定用法」である。名詞の前に置くのが基本

Tell me a **true** story.

名詞の story を修飾する

本当のことを言って。

「限定用法」と「叙述用法」

　上の例は、形容詞の true（本当の）が名詞の story（話）を**直接修飾する「限定用法」**です。「話」の性質が「本当である」ことを説明しているわけです。

　「叙述用法」でも、名詞の性質・状態を説明するという点は同じです。例えば、**The story is true.** とすれば、**叙述用法**になりますが、やはり「話」の性質が「本当である」と説明しています。

UNIT 21

使い方 2 限定用法：名詞の後ろに置く

something new（何か新しいもの）
・名詞が something、anything などのとき

a building next to the post office（郵便局の隣のビル）
・形容詞に別の語が続いて、まとまった表現になっているとき

特殊な名詞や形容詞が語句を従える場合には**名詞の後ろ**に置きます。

使い方 3 限定用法：複数の形容詞を使う

an expensive French restaurant（高級なフランス料理店）
・French restaurant で「フランス料理店」なので、French のほうが結びつきが強い

1つの名詞を2つ以上の形容詞で修飾することもできます。その場合、**名詞との結びつきが強いものを名詞の近くに置くのが原則**です。

使い方 4 叙述用法：主語を説明する

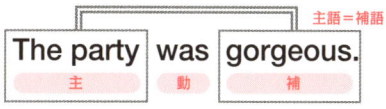

主語＝補語

The party | was | gorgeous.
主　　　　 　動　　　補

パーティーは豪華でした。

第2文型〈主 ＋ 動 ＋ 補〉の補語の位置に形容詞がくる用法です。この場合、**形容詞は主語を説明**します。**主語＝補語**になります。

使い方 5 叙述用法：目的語を説明する

目的語＝補語

The news made | me | happy.
主　　　　動　　 目　　補

その知らせを聞いて嬉しくなった。

第5文型〈主 ＋ 動 ＋ 目 ＋ 補〉の補語の位置でも形容詞を使います。この場合、**形容詞は目的語を説明**します。**目的語＝補語**になります。

第3章 部分を整える10のオキテ

Exercise!

問題を解いて、使い方をおさらい！

A 次の語句を並べかえて、正しい文をつくりましょう。文頭にくる文字も小文字にしてあります。

1. バスの停留所は私の家から近いです。
(near / the bus stop / is / my house).

....

2. これは本当の話です。
(a / story / is / this / true).

....

3. 今日はとても暑いです。
(hot / is / very / today / it).

....

B 次の文の間違いを探して、訂正しましょう。

1. I want to try new something.

....

2. What a baby pretty tiger!

....

3. My teacher made interested me in history.

....

解答と解説

UNIT 21

A

1. The bus stop is near my house.

* near は叙述用法で主語 The bus stop の説明をします。「私の家から近い」なので、near に my house を続けます。My house is near the bus stop. も正解です。

2. This is a true story.

* まず、a があることを考えて、true が story にかかる a true story の部分をつくります。is と this が残っているので、This is が主語・動詞になると考え、これに a true story をつなぎます。

3. It is very hot today.

* 主語にする It は天候を示します。これが「暑い」とするために、It is hot とします。very は hot を強調する副詞なので hot の前に置き、最後に today を加えます。

B

1. I want to try something new.
私は何か新しいことにトライしたい。

* something や anything は形容詞が後ろから修飾する形になります。

2. What a pretty baby tiger!
何て可愛い赤ちゃんトラなんでしょう!

* baby tiger で「赤ちゃんトラ」なので、baby のほうが pretty より tiger との結びつきが強く、こちらを直前に置きます。

3. My teacher made me interested in history.
私の先生が私に歴史に関心をもたせてくれた。

* この文の made は「〜させた」の意味で、〈主+動+目+補〉の第5文型になります。したがって、made の次は目的語の me、続いて補語の形容詞 interested がきます。

第3章 部分を整える**10**のオキテ

145

Try it out!
瞬間英作文トレーニング！

1 準備はできている?
　使い方4　▶Are ～

2 そのドレスを着ると君は素敵だよ。
　使い方4　▶You ～
　　　素敵だ→素敵に見える= look nice

3 お好きな音楽は何ですか。
　使い方1　▶What ～
　　　お好きな= favorite

4 いつがご都合がよろしいですか。
　使い方4　▶When ～
　　　都合がいい =convenient

5 部屋はきれいに片付いた状態にしておきなさい。
　使い方5　▶Keep ～
　　　～にしておく= keep　片付いた状態の= tidy

6 私の時計は数分進んでいます。
　使い方4　▶My watch ～
　　　進んでいる= fast

7 私たちは隣り合った席にしてほしいのですが。
　使い方2　▶We'd like ～
　　　隣り合った= next to each other

UNIT 21

Are you ready?
❶「準備ができている」は ready です。

You look nice in that dress.
❶nice の代わりに great などでもOKです。「〜を着ると」は in の1語で表せます。

What's your favorite music?
❶会話の相手に聞いているので、your favorite music と your を付けます。

When is it convenient for you?
❶convenient（便利な）という形容詞は人を主語にできません。そこで、it を主語にします。あるいは、When を主語に When is convenient for you? としてもOKです。

Keep your room clean and tidy.
❶keep は〈keep ＋目＋補〉（補語を目的語の状態にしておく）という形で使えます。命令文なので、まず Keep your room として、「きれいに」の clean と「片付いた状態の」の tidy を続けます。2つの形容詞の間には and が必要です。

My watch is fast by a few minutes.
❶時計が「進んでいる」は fast で表します。「数分」は a few minutes ですが、正しい時刻との差が数分であると考えて、差を表す by を使って by a few minutes とします。

We'd like our seats next to each other.
❶まず、「私たちは席がほしい」は We'd like our seats となります。これに「隣り合った」を加えますが、next to each other は next という形容詞に他の語句が続く一連の表現です。したがって、名詞 seats の後ろに置きます。

第3章 部分を整える10のオキテ

147

UNIT 22 副詞

オキテ
副詞は「動詞」「形容詞」「副詞」「文全体」「語句」を修飾する!

使い方 1 動詞を修飾する

I **always** go to work by subway.

動詞のgoを修飾する

副詞は修飾する言葉によって位置が変わるが、基本は修飾する言葉の前や近くに置く

私はいつも地下鉄で通勤しています。

副詞の位置の基本ルール

副詞の位置には一定のルールがあるので、知っておきましょう。**動詞を修飾する**副詞は、一般に**動詞または動詞・目的語の後**に置きます。動詞を修飾する頻度の副詞は、**助動詞の後、動詞の前**に置きます。**文全体を修飾する**副詞は、**文頭や文末**に置きます。**形容詞や副詞**を修飾する副詞は**その直前**に置きます。ただし、enough は直後に置きます。特定の語句を強調する副詞は、その語句の直前に置きます。

UNIT 22

使い方 2 形容詞を修飾する

This novel is **really** interesting.
この小説は本当に面白い。

　副詞は形容詞を修飾することができます。**形容詞を修飾するときは、副詞の位置は形容詞の前に**置くことが多いです。

使い方 3 副詞を修飾する

She speaks French **very** fluently.
彼女はフランス語をとても流ちょうに話す。

　副詞は副詞を修飾することもできます。**副詞を修飾するときも、その前に**置きます。

使い方 4 文全体を修飾する

Eventually, he passed the exam.
結果的に、彼は試験に通りました。

　副詞は文全体を修飾することもできます。この場合、副詞の位置は**文頭か文末**で、カンマで区切ることもあります。

使い方 5 特定の語句を修飾する

This is **just** what I have wanted.
これはまさに私が欲しかったものです。

　副詞は、特定の語句を強調するのに使うこともできます。上の例では、just が後続の言葉 what I have wanted を強調しています。

第3章　部分を整える10のオキテ

Exercise! 問題を解いて、使い方をおさらい！

A 次の語句を並べかえて、正しい文をつくりましょう。文頭にくる文字も小文字にしてあります。

1. 私は普段緑茶を飲んでいます。
(green tea / drink / I / usually).

....

2. その件については本当に申し訳ありません。
(sorry / for that / truly / I'm).

....

3. 彼女はバスケットボールをするのに十分大きい。
(enough / she / for basketball / big / is).

....

B 次の文の間違いを探して、訂正しましょう。

1. Mt. Fuji is beautiful really.

....

2. Frank, I can't agree with you.

....

3. The project was a just failure.

....

UNIT 22

解答と解説

A

1. I usually drink green tea.
＊動詞を修飾する副詞で「頻度」を表すものは動詞の直前に置きます。

2. I'm truly sorry for that.
＊形容詞を修飾する副詞はその直前に置くのが原則です。

3. She is big enough for basketball.
＊副詞の enough（十分な）は形容詞を後ろから修飾します。big enough という順番になります。

B

1. Mt. Fuji is really beautiful.
富士山は本当に美しい。

＊副詞が形容詞を修飾するときは前に置くのが基本なので、really beautiful とします。

2. Frankly, I can't agree with you.
率直に言って、私はあなたに賛成できません。

＊「率直に言って」は文全体を修飾する副詞と考えられます。Frank は形容詞なので、Frankly と副詞にします。

3. The project was just a failure.
そのプロジェクトはまさに失敗だった。

＊just は「単なる」という形容詞の意味もありますが、ここでは副詞として「まさに」と失敗を強調するのに使われます。副詞の just は強調するものの直前に置きますが、a failure でひとまとまりの表現なので、この前に置くのが正解です。

第3章　部分を整える10のオキテ

Try it out! 瞬間英作文トレーニング！

1 帰宅するのが遅くなるよ。
使い方1 ▶ I'm 〜
遅く= late

2 あなたはとても流ちょうにフランス語を話しますね。
使い方3 ▶ You speak 〜
流ちょうに= fluently

3 あやうく終電に間に合わないところだった。
使い方1 ▶ I 〜
あやうく= nearly　間に合わない= miss

4 ほとんどすべての社員がそのパーティーに参加します。
使い方2 ▶ Almost 〜
社員= staff　参加する= join

5 このあたりでは雪はめったに降りません。
使い方1 ▶ We 〜
雪が降る→私たちは雪をもつ= we have snow
めったに= seldom

6 私のプランは最終的に承認された。
使い方1 ▶ My plan 〜
最終的に= finally　承認する= approve

7 私は明日の朝早く出発します。
使い方3 ▶ I'll 〜
早く= early　出発する= leave

UNIT 22

I'm coming home late.
❷「帰宅する」は come home です。近い未来の予定なので、I'm coming home としていますが、I'll come home でもOKです。「遅く」を表す副詞の late は最後に置きます。時間を表す副詞は文末が基本です。

You speak French very fluently.
❷「あなたはフランス語を話す」は You speak French. です。「とても流ちょうに」は副詞が副詞を修飾していると考えられます。very fluently とします。

I nearly missed the last train.
❷「あやうく」の nearly は「間に合わなかった」という動詞 missed の前に置きます。なお、「終電」は the last train と言います。

Almost all staff will join the party.
❷「ほとんどすべての」は、副詞の almost（ほとんど）で形容詞の all（すべての）を修飾する形でつくります。したがって、「ほとんどすべての社員」は almost all staff となります。

We seldom have snow here.
❷seldom（めったに）は頻度の副詞なので、動詞 have の前に置きます。「このあたりでは」も副詞ですがこちらは here を文末に置けばOKです。here の代わりに around here ともできます。

My plan was finally approved.
❷「私のプランが承認された」は受動態を使って、My plan was approved. とします。finally は was と approved の間でも、文頭や文末でもかまいません。

I'll leave early tomorrow morning.
❷「明日の朝早く」は、「早く」の early と「明日の朝」の tomorrow morning という2つの副詞でつくります。early tomorrow morning と、日本語とは順番が逆になります。

第3章 部分を整える10のオキテ

UNIT 23 比較

比較には3種類ある！

使い方1　優劣を表す「比較級」

Tablets are more handy than laptops.

タブレットはラップトップ（ノートパソコン）よりも使いやすい。

> 〈A ... more 形容詞（副詞）than B〉で、AとBを比較する「比較級」。handyという点で tablets > laptops であることを表す

原級・比較級・最上級

形容詞・副詞は**2音節以上の多くのものは、more、most を前に付けて比較級・最上級**にします。1音節すべてと2音節の単語の一部は、形容詞・副詞の後に **er、est を付けて比較級・最上級**にします。不規則変化の代表例は下記です。

	原級	比較級	最上級
不規則変化	good / well	better	best
	bad / ill	worse	worst
	many / much	more	most
	little	less	least

なお、比較級を強調したいときには **much** や **still、even** を使い、**very** は使えません。

UNIT 23

使い方 2 　同じくらいを表す「原級」

She speaks Korean as fluently as English.
彼女は韓国語を英語と同じくらい流ちょうに話す。 Korean = English

She doesn't speak Korean so fluently as English.
彼女は韓国語を英語と同じほど流ちょうには話さない。 Korean < English

同等比較は〈**A ~ as 形容詞（副詞）as B**〉の形で表します。形容詞・副詞はふつうの形（原級）を使います。否定文は〈**A ~ not so[as] 形容詞（副詞）as B**〉の形になり、「**AはBほど~ない**」ということを表します。

使い方 3 　倍数表現

Japan is nine times as large as Switzerland.
日本はスイスの9倍の大きさです。

AがBの何倍かを表すには、同等比較を使い、〈**~ times**〉**で倍数**を示します。

使い方 4 　一番を表す「最上級」

She is the smartest in our class.
彼女は私たちのクラスで一番頭がいい。

最上級は「~の中で一番…」と言いたいときに使います。〈**the most ~**〉**または**〈**the ~ est**〉の形にします。多くの場合、どこで一番なのかを示す表現が入ります。上の例では「クラス」が一番である領域です。

使い方 5 　one of the most ~

Mt. Fuji is one of the most beautiful mountains in the world.
富士山は世界で一番美しい山の1つです。 複数の名詞がくる

よく使う最上級の表現に、〈**one of the most ~ [the ~ est]**〉があります。「**最も~な中の1つ**」という意味で、一番であるかは不明確でも、一番に近いことを表せます。あいまいに言えるので、会話で重宝します。

第3章 部分を整える10のオキテ

Exercise!
問題を解いて、使い方をおさらい！

A 次の文の空所に適当な副詞を入れて、文を完成させましょう。

1. Could you speak a little ------- slowly?

2. My weight-loss goal is 45kg or -------.

3. He is one of the ------- famous CEOs.

(A) most　　　(B) more　　　(C) less

B 次の文の間違いを探して、訂正しましょう。

1. This summer was more hot than last summer.

   ....

2. Rina speaks English well than Ken.

   ....

3. The subway isn't as convenient so the bus here.

   ....

UNIT 23

解答と解説

A

1. (B) Could you speak a little more slowly?
もう少しゆっくり話していただけますか。

* 相手に話し方のお願いをしているので、「もう少しゆっくり」になると考えて (B) more を選びます。

2. (C) My weight-loss goal is 45kg or less.
私のダイエットの目標は45キロ以下です。

* weight-loss は「減量→ダイエット」のことです。その goal（目標）なので、「45キロまたはそれ以下」になるはずなので、「それ以下」を表せる less を選びます。

3. (A) He is one of the most famous CEOs.
彼は最も有名なCEO（最高経営責任者）のうちの一人です。

* 〈one of the ~ 形容詞＋複数名詞〉の形から、「最も有名なCEOの1人」になると考えて、最上級を表す (A) most を選びます。

B

1. This summer was hotter than last summer.
今年の夏は去年の夏よりも暑かった。

* hot は1音節なので、比較級は er を付ける hotter です。

2. Rina speaks English better than Ken.
リナはケンより上手に英語を話す。

* well（上手に）は原形ですが、ここは後に than が続くので比較級の better にしないといけません。

3. The subway isn't so convenient as the bus here.
ここでは地下鉄はバスほど便利ではない。

* 同等比較の否定文は〈not so ~ as〉です。したがって、as と so の位置を逆にします。〈not as ~ as〉でもかまいません。

第3章　部分を整える**10**のオキテ

Try it out! 瞬間英作文トレーニング!

1 後で電話します。
　使い方 1　▶ I'll ~

2 どちらがお好きですか。
　使い方 1　▶ Which ~

3 できるだけ早く私に連絡してください。
　使い方 2　▶ Please ~
　　　　　　連絡する= contact

4 スカイツリーは日本で一番高い塔です。
　使い方 4　▶ Sky Tree is ~
　　　　　　塔= tower

5 もっとはっきりと説明してもらえますか。
　使い方 1　▶ Could you ~
　　　　　　はっきりと= clearly　説明する= explain

6 結果は思っていたより良かったです。
　使い方 1　▶ The result ~
　　　　　　結果= result　思っていた= I had thought

7 京都は旅行者に最も人気のある行き先の1つだ。
　使い方 5　▶ Kyoto is one ~
　　　　　　旅行者= tourist　行き先= destination

UNIT 23

I'll call you later.
❶「後で」は late（後に；遅れて）の比較級の later を使います。

Which do you like better?
❶「どちらがお好きですか」と、比較してより好きなほうを聞いているので、like better を使います。

Please contact me as soon as possible.
❶「できるだけ早く」は、同等比較を使って as soon as possible とします。

Sky Tree is the tallest tower in Japan.
❶「一番高い塔」なので、最上級を使って the tallest tower とします。

Could you explain more clearly?
❶「もっとはっきりと」なので、clearly を比較級にするために more を付け、more clearly とします。

The result was better than I had thought.
❶「思っていたより良かった」なので、比較級の better than を使います。

Kyoto is one of the most popular destinations for tourists.
❶「最も~の1つ」なので〈one of the 最上級 ~〉の形を使います。popular は most を使って最上級をつくります。「行き先」は destinations と複数にします。

第3章 部分を整える10のオキテ

159

UNIT 24 名詞

オキテ
名詞はモノやコトの名前を表し文のさまざまな要素になる!

使い方 I 名詞の性質

My favorite **sport** is **tennis**.

sport 名詞が主語になる
tennis 名詞が補語になる

私の好きなスポーツはテニスです。

多様に使える名詞

名詞は**主語・補語・目的語**になるほか、**他の言葉と一緒になって**文のさまざまな**要素**として使えます。

We ate sushi at a restaurant in Roppongi.
　　　　目　　　　前置詞の後ろ　　　　前置詞の後ろ
　　　　　　　←── 場所を示す修飾語 ──→

私たちは六本木のレストランでお寿司を食べました。

I met Andy last Monday.
　　　目　　　lastと組み合わさって副詞の要素になる

先週の月曜にアンディに会いました。

UNIT 24

使い方 2 名詞の種類

名詞はその性質から、次の5つに分類できます。

- **普通名詞**：lady（女性） house（家） morning（朝）
- **固有名詞**：Osaka（大阪） Christmas（クリスマス）
　　　　　　Steve Jobs（スティーブ・ジョブズ）
　　＊固有名詞は大文字で始めます。
- **抽象名詞**：idea（考え） success（成功） kindness（親切）
- **物質名詞**：milk（ミルク） glass（ガラス） air（空気）
- **集合名詞**：furniture（家具） audience（聴衆）

使い方 3 単数・複数

名詞には単数と複数の用法があります。**単数を複数にするには最後に s をつけるのが基本です。**

　book（本）→ book**s**　　lake（湖）→ lake**s**

- 語尾が s、ss、sh、ch、o、x で終わる名詞には es を付けます。
　watch（時計）→ watch**es**　　box（箱）→ box**es**
- 語尾が〈子音 + y〉なら y をとって ies にします。語尾が f、fe ならこれを v に変えて s または es を付けます。
　story（話）→ stor**ies**　　leaf（葉）→ lea**ves**
- 一部に不規則に変化するものがあります。
　man（男性）→ **men**　　child（子供）→ **children**
　foot（足）→ **feet**

使い方 4 数えられる名詞と数えられない名詞

名詞の多くは数えることができ、複数形にできます。しかし、一部に**数えられない名詞**があります。物質名詞、集合名詞は数えられません。抽象名詞には数えられるものと数えられないものがあります。

　oil（油）　　　　　**物質名詞**　→　数えられない
　furniture（家具）　**集合名詞**　→　数えられない
　idea（考え）　　　**抽象名詞**　→　数えられる
　advice（助言）　　**抽象名詞**　→　数えられない
　fun（楽しさ）　　 **抽象名詞**　→　数えられない

第3章　部分を整える10のオキテ

161

Exercise!

問題を解いて、使い方をおさらい！

A 次の文の空所に適当な名詞を入れましょう。名詞は必要があれば変化させてください。

1. Many ------- for your help.

2. Our plane is flying at 33,000 -------.

3. The party was a lot of -------.

(A) fun　　　　(B) foot　　　　(C) thank

B 次の文の間違いを探して、訂正しましょう。

1. Thank you for your kindnesses.

　　..

2. How many watchs do you have?

　　..

3. This program is both for adult and child.

　　..

UNIT 24

解答と解説

A

1. (C) Many thanks for your help.
助けていただき本当にありがとう。

＊many の次には必ず複数の名詞がきます。文脈から thank（感謝）が適当で、thanks と複数にできます。

2. (B) Our plane is flying at 33,000 feet.
私たちの飛行機は高度33000フィートを飛んでいます。

＊「33000フィート」なので、foot の複数の feet を使います。

3. (A) The party was a lot of fun.
パーティーはとても楽しかったです。

＊a lot of の後ろには数えられる名詞も数えられない名詞も続けられます。fun（楽しさ）は数えられない名詞なので、そのまま使います。

B

1. Thank you for your kindness.
ご親切に感謝いたします。

＊kindness は抽象名詞で、数えられないものです。したがって、複数は使えず、kindness にしなければなりません。

2. How many watches do you have?
あなたはいくつ時計を持っていますか。

＊ch で終わる名詞の複数形は es を付けてつくるので、watches としなければなりません。

3. This program is both for adults and children.
この番組は大人と子供のどちらにも向いています。

＊adult and child がそれぞれ単数なのに不定冠詞の a が付いていないのは不自然です。また、ここは不特定多数の「大人と子供」を指すと考えられるので複数にします。adults は s を付けるだけですが、child は children に変化させないといけません。

Try it out! 瞬間英作文トレーニング！

1 ひとついい考えがあります。
▶I have 〜

2 ここの雰囲気はすてきです。
▶The atmosphere 〜
雰囲気= atmosphere

3 観客でオペラハウスはいっぱいだった。
▶The audience 〜
観客= audience　オペラハウス= the opera house

4 何千人もの人々が広場に集まった。
▶Thousands of people 〜
広場= square　集まる= gather

5 すみませんが、私は肉も魚も食べません。
▶I'm sorry 〜
肉= meat

6 新しい市役所は7階建てです。
▶The new 〜
市役所= city hall　階= story

7 私には3人の子供がいます。1人の男の子と2人の女の子です。
▶I have 〜

UNIT 24

I have a good idea.
- idea（考え）は抽象名詞ですが数えられます。「ひとついい考え」はa good ideaとします。

The atmosphere here is wonderful.
- atmosphereは「雰囲気」のほか「大気」の意味がありますが、いずれの場合も数えられない名詞として使います。したがって、be動詞はisです。wonderfulはnice、great、terrificなどでもOKです。

The audience filled the opera house.
- 「いっぱいだった」なので、「観客」はたくさんいたはずですが、audienceは集合名詞なので、このまま使います。

Thousands of people gathered in the square.
- Thousands ofの次には複数のものがきますが、peopleは集合名詞なので常に同じ形です。

I'm sorry, but I don't eat meat or fish.
- meatは物質名詞、fishは集合名詞で、いずれも常に同じ形です。なお、not ~ A or Bで「AもBも~ない」ですが、neither A nor Bを使ってもOKです。

The new city hall is 7 stories high.
- 建物が何階かという外観はstoryで表します。7 stories highはa 7-story building（7階建ての建物）としてもOKです。この場合、名詞に名詞が続くので、前の名詞は単数にして7-storyとなります。

I have three children, one boy and two girls.
- 「子供」は3人と複数なので、childrenとします。「1人の男の子と2人の女の子」はカンマを打って続ければOKです。

第3章 部分を整える10のオキテ

UNIT 25 代名詞

オキテ
代名詞は名詞の代わりをする!

使い方 1 人称代名詞（主格・目的格）

> 人称代名詞の主格は「～は」の意味で主語になる

> 目的格は「～に」「～を」の意味で目的語になる

I invite you all to the party.

主格「私は」　　　目的格「あなたたちを」

みなさん全員をパーティーに招待します。

人称代名詞

	主格	所有格	目的格	所有代名詞	再帰代名詞
	～は	～の	～を、～に	～のもの	～自身・自体
一人称単数	I	my	me	mine	myself
二人称単数	you	your	you	yours	yourself
三人称単数	he/she/it	his/her/its	him/her/it	his/hers	himself/herself/itself
一人称複数	we	our	us	ours	ourselves
二人称複数	you	your	you	yours	yourselves
三人称複数	they	their	them	theirs	themselves

UNIT 25

使い方2 人称代名詞（所有格）

My dream is to be a professional pianist.
所有格「私の」→ dream（夢）が私に属することを表す

私の夢はプロのピアニストになることです。

人称代名詞の**所有格は「〜の」**の意味で、後続の名詞がその人に属することを示します。

使い方3 所有代名詞・再帰代名詞

That umbrella is **mine**.　あの傘は私のものです。
　　　　　　　　　　　　= my umbrella 〈mine（私のもの）= my ＋名詞〉

所有代名詞は「〜のもの」の意味で、所有格と名詞が合体したものです。

I can do it by **myself**.　自分でできます。
　　　　　　　　　→「自分自身で」と私がすることを強調する

再帰代名詞は「〜自身・〜自体」の意味で、主語の行為を強調するときに使います。

使い方4 指示代名詞

I'll take **this**.
　　　目的格として →　近くのものを指す

これをいただきます。

指示代名詞は、形を変えずに文のどの要素にも使うことができます。

	これ 距離的・心理的に近い	あれ 距離的・心理的に遠い
単　数	this	that
複　数	these	those

第3章　部分を整える10のオキテ

167

Exercise! 問題を解いて、使い方をおさらい！

A 次の文の空所に適当な代名詞を入れましょう。

1. This meal is on -------.

2. Oh, thank you. It's -------.

3. I have ------- own homepage.

(A) me　　　　(B) mine　　　　(C) my

B 次の文の代名詞の間違いを探して、訂正しましょう。

1. This is our new products.

   ....

2. My tablet is a little lighter than yourself.

   ....

3. You should do it for yours.

   ....

UNIT 25

解答と解説

A

1. (A) This meal is on me.
この食事は私のおごりです。

* on ~で「~のおごりです」の意味。on の後なので、目的格の me になります。

2. (B) Oh, thank you. It's mine.
ああ、ありがとうございます。私のです。

* だれかに落としたものを拾ってもらったときの言葉です。「それは私のものです」と言いたいので、mine を使います。

3. (C) I have my own homepage.
私は自分自身のホームページを持っています。

* own は「~自身の」で所有を表します。したがって、その前にくる代名詞は所有格でなければなりません。

B

1. These are our new products.
これらは私どもの新製品です。

* products が複数なので、This の複数の These を使って、These are とします。または、This is はそのままで、products を product と単数にします。

2. My tablet is a little lighter than yours.
私のタブレットはあなたものより少し軽い。

* 比較級の前後は同様のものでなければなりません。つまり、than の後ろは主語の My tablet に対応して本来は your tablet です。ただ tablet の反復を避けるために、これを所有代名詞にした yours が正解です。

3. You should do it for yourself[yourselves].
あなた（たち）はそれを自分自身ですべきです。

* 「自分自身ですべきだ」とするために、再帰代名詞を使って for yourself とします。主語の You を複数と考えるなら、for yourselves です。

第3章 部分を整える**10**のオキテ

169

Try it out! 瞬間英作文トレーニング!

1 これはあなたのものだと思います。
使い方 1&3&4 ▶I think 〜

2 私に決定権はありません。
使い方 3 ▶The decision 〜
決定権= decision

3 ご自愛ください。
使い方 3 ▶Take care of 〜

4 私たちの新製品は彼らのものより安い。
使い方 2&3 ▶Our new product 〜

5 最近はいかがお過ごしですか。
使い方 4 ▶How have 〜　＊these を使う

6 よいご旅行を。楽しんできてね。
使い方 3 ▶Have a 〜
楽しむ= enjoy oneself

7 そのパソコン自体に問題があります。
使い方 3 ▶There is 〜
問題= problem

UNIT 25

I think this is yours.
❶「あなたのもの」は所有代名詞の yours を使います。ものを拾ってあげたときにかけるひと言です。

The decision is not mine.
❶「決定権は私のものではない」と所有代名詞の mine を使って表現します。

Take care of yourself.
❶「ご自愛する」は「自分自身に気をつける」と考えて、再帰代名詞の yourself を使って Take care of yourself. とします。別れのあいさつに使います。

Our new product is cheaper than theirs.
❶「私たちの新製品」は our new product です。比較対象の彼らのものは their product ですが、product の反復を避けるために所有代名詞の theirs とします。

How have you been these days?
❶「いかがお過ごしですか」は How have you been でも、How have you been doing でもOKです。「最近」は these を使って、these days とします。

Have a nice trip and enjoy yourself.
❶「楽しんできてね」は相手に向かって言っているので、「あなた」の再帰代名詞の yourself を使います。

There is a problem with the PC itself.
❶「〜に問題がある」は There is a problem with 〜とします。「パソコンそのものに」の「そのもの」は再帰代名詞を使って強調します。PC は三人称単数なので、再帰代名詞は itself です。

UNIT 26 関係詞

関係詞は2つの文を結ぶ!

使い方1 先行詞が人の場合はwhoを用いる

Do you know the woman ?　その女性を知っていますか。

The woman is at the table.　その女性は、テーブルのところにいます。

Do you know the woman who is at the table?

テーブルのところにいる女性を知っていますか。

> 2回出ている the woman を who で結ぶことで1文にできる

関係詞の種類

関係詞には、**who, whose, which, what, where, when, what** などがあり、直前に来る先行詞によって、使われるものが決まってきます。関係詞をマスターすると、後から説明を続けやすくなり、表現に幅が出ます。ここでは、代表的によく使われるものを学びましょう。

UNIT 26

使い方2 先行詞の所有を表す場合はwhoseを用いる

Can you see <u>the house</u>? <u>Its</u> roof is green.
→ Can you see the house **whose** roof is green?
（先行詞）

屋根が緑色の家、見えますか。

先行詞とは、関係詞の前に来て、関係代名詞で説明するものです。また、所有格 **whose は、人にもモノにも使えます**。

使い方3 先行詞がモノの場合はwhichやthatを用いる

I have <u>a book</u>. My father gave me <u>it</u> (<u>the book</u>).
→ I have a book **which[that]** my father gave me.
（先行詞）

私は父がくれた本を持っています。

that は便利で、**モノだけでなく人にも使う**ことができます。

使い方4 先行詞が場所の場合はwhereを用いる

Do you remember <u>the village</u>? We met <u>there</u>.
→ Do you remember the village **where** we met?
（先行詞）

私たちが出会った村を覚えてる?

使い方5 先行詞が時の場合はwhenを用いる

Mr. Chan went to the museum <u>on March 20th</u>.
I went swimming <u>on that day</u>.
→ Mr. Chan went to the museum on March 20th **when** I went swimming.
（先行詞）

チャンさんは私がスイミングに行っていた3月20日に博物館に行った。

第3章 部分を整える10のオキテ

Exercise!

問題を解いて、使い方をおさらい！

A 関係詞を使い、次の2文を1文にしましょう。

1. Ms. Thompson is a doctor. She lives next door.

   ....

2. Did you eat the cheese? It was in the fridge.

   ....

3. I met Mr. Nation. His hometown is Australia.

   ....

B 次の文の間違いを探して、訂正しましょう。

1. The place when we spent our holidays was really beautiful.

   ....

2. I'll never forget the time where I first met you.

   ....

3. I met a girl whose went to Malaysia last summer.

   ....

UNIT 26

解答と解説

A

1. Ms. Thompson who lives next door is a doctor.
隣に住むトンプソンさんは、医者です。

* 2文目の She は、Ms. Thompson のことなので、who を使って結びます。意味を考える場合、「トンプソンさんは隣に住んでいて、医者です」というように、前から読んでいくとわかりやすくなります。

2. Did you eat the cheese which[that] was in the fridge?
冷蔵庫にあったチーズを食べましたか。

* it は the cheese のことなので、that または which に変えて、2文を結びます。

3. I met Mr. Nation whose hometown is Australia.
故郷がオーストラリアであるネイションさんに会いました。

* Mr. Nation の hometown がオーストラリアなので、whose で結びます。

B

1. The place where we spent our holidays was really beautiful.
私たちが休暇で過ごした場所は、とても美しかった。

* the place は、場所なので where を使います。

2. I'll never forget the time when I first met you.
あなたに初めて会った時を、忘れることはないでしょう。

* the time は時なので、when を用います。

3. I met a girl who went to Malaysia last summer.
去年の夏にマレーシアに行った少女に会いました。

* a girl が先行詞で、関係詞の後に動詞が続いているので、a girl が行ったと考えると文章の意味が通ります。whose の後は通常、名詞が続きます。

第3章 部分を整える**10**のオキテ

Try it out!
瞬間英作文トレーニング!

1 プレゼンテーションをしている女性が、スミスさんです。
  使い方1 ▶The woman 〜 *who を使いましょう。

2 このチケットを、誰でも欲しい人にあげてください。
  使い方1 ▶Give this ticket 〜

3 私たちは、人口が15万の市に住んでいます。
  使い方2 ▶We live in 〜 *whose を使いましょう。
  人口= population

4 これが、私が探していた本です。
  使い方3 ▶This is 〜 *which または that を使いましょう。
  探す= look for

5 私の好きな作家が生まれた町を訪ねました。
  使い方4 ▶I visited 〜
  好きな作家= my favorite writer

6 ジョンが働いている会社を知っていますか。
  使い方4 ▶Do you know 〜

7 この音楽を初めて聞いたときのことを、忘れられません。
  使い方5 ▶I cannot 〜

UNIT 26

The woman who is making a presentation is Ms. Smith.

❶ 2つの文を先に考えてみるのもいいでしょう。例えば The woman is Ms. Smith. She is making a presentation. という2文を考えて、それから who で結びます。

Give this ticket to anyone who wants it.

❶ このチケットを誰にでもあげなさい (Give this ticket to anyone.)、このチケットを欲しい人 (someone who wants the ticket) の2文にわけ、それらを who で結びます。

We live in a city whose population is 150,000.

❶ whose は、この文のように人以外にも使うことができます。ここは、例えば We live in a city which[that] has 150,000 people. のようにも言えます。

This is the book which[that] I have looked for.

❶ look for の for を忘れないようにしましょう。I have looked ... は、I have been looking ... とも。

I visited the town where my favorite writer was born.

❶ I visited the town. と、My favorite writer was born there[in the town]. の2文を、場所を示す where を用いて結びましょう。

Do you know the company where John works?

❶ Do you know the company? と、John works there. の2文を where で結びます。

I cannot forget the time when I first listened to this music.

❶ I can't forget the time. と、I first listened to this music. の2文を、時を表現する when で結びます。

第3章 部分を整える10のオキテ

177

UNIT 27 仮定法

仮定法は未来と過去を見つめる！

使い方1 「もし〜だったら」を表す

If I were rich, I would buy a car.

お金持ちだったら、車を買うのになあ…

If I hadn't gone to the party, I wouldn't have met you.

あのときパーティーに行かなかったら、あなたには会えなかっただろう。

仮定法のパターン

仮定法には、これから先に起こることに対し、「もし〜だったら」と仮定するものと、過去に起こったことに対し、「あの時、もしこうだったら」「もしこうしていたら」と仮定するものがあります。次のページで紹介する If を使った3つのパターンと、それらをどのような時に使うのかを覚えれば、仮定法を使いこなせるようになりますよ。

UNIT 27

使い方 2　仮定法「もし〜なら、〜だろう」

If we **have** a party, it **will be** fun.
　　　　(動(現在形))　　　　　　(動(未来形))

私たちがパーティーをしたら、楽しいだろうね。

〈If＋主＋動（現在形），主＋動（未来形）〉で、**これから先に起こることを仮定します**。使う人が**「可能性が高い」**と思っている、あるいは「本気」な場合です。

使い方 3　仮定法過去「もし〜なら、〜だろうに」

If I **had** lots of money, I **would travel** around the world.
　　　　(動(過去形))　　　　　　　(助動詞過去＋動)

お金がたくさんあったら、世界中を旅するんだけど。

これから先に起こることを仮定しています。〈If＋主＋動（過去形），主＋助動詞過去＋動〉の形で、**「可能性が低い・全くあり得ない」「本気ではない」**場合に使います。

使い方 4　仮定法過去完了「もし〜だったなら、〜だったろうに」

If I **had studied** more, I **would have passed** the exam.
　　　(had＋動(過去形))　　　　(助動詞過去＋have＋動)

もっと勉強していたら、試験に通っていただろう。

〈If＋主＋had＋動（過去形），主＋助動詞過去＋have＋動〉の形で、**過去に起こってしまったことに対し、「あの時、〜だったら」**と仮定します。上の例だと、実際には勉強せず、試験に合格しなかったことがわかります。

使い方 5　かなわない願望

I wish you **were** here!　＊ハガキなどの決まり文句
あなたが一緒にいたら、いいのに。

I wish ... の後に過去や過去完了を続けると、**実現不可能な願望**を表現できます。

第3章　部分を整える10のオキテ

Exercise! 問題を解いて、使い方をおさらい！

A 次の2つの文を、if を使って1つの文にしましょう。

1. You need some help. I will be happy to help you.

....

2. You were here. We would have more fun.

....

3. I hadn't gone to the party. I wouldn't have met you.

....

B 次の文の間違いを探して、訂正しましょう。

1. If you have studied harder, you would have passed the exam.

....

2. I wish I am a bird, then I would fly to you.

....

3. If I were you, I don't say such a thing.

....

UNIT 27

解答と解説

A

1. If you need some help, I will be happy to help you.
手助けがいるなら、喜んでお手伝いしますよ。
* 心強い表現。これが I would be .... だと、あまり本気ではない可能性があります。

2. If you were here, we would have more fun.
あなたがここにいたら、もっと楽しいだろうに。
* 今、あなたはここにいないことがわかります。

3. If I hadn't gone to the party, I wouldn't have met you.
もし、そのパーティに行かなかったら、あなたには会わなかったでしょう。
* 実際にはパーティに行き、あなたに会ったわけです。

B

1. If you **had** studied harder, you would have passed the exam.
あなたは、もっと一生懸命勉強していたら、その試験に通っていたでしょう。
* 過去のことを仮定する場合、if のあとは、〈主＋had＋動（過去分詞）〉となります。

2. I wish I **were** a bird, then I would fly to you.
私が鳥だったら、あなたのところへ飛んで行くのに。
* were が正当ですが、was を使う人がとても多くなってきています。

3. If I were you, I **wouldn't** say such a thing.
私があなただったら、そんなことは言わないです。
* 〈If＋主＋動（過去形）, 主＋助動詞過去＋動〉のパターンを使いましょう。

181

Try it out! 瞬間英作文トレーニング！

それぞれ提示されている使い方の仮定法を使ってみましょう。

1. 雨がやんだら、犬の散歩に行きます。
使い方2 ▶ I'll walk 〜
犬の散歩に行く= walk one's dog

2. あなたが彼に話してくれれば、彼も理解するかも。
使い方3 ▶ If you 〜

3. もし必要なら、私が彼女と会ってみます。
使い方2 ▶ I will see 〜
必要= necessary

4. もし、あなたたちがもっと練習していたなら、優勝していたかも。
使い方4 ▶ If you 〜

5. 何か質問がありましたら、私がお答えします。
使い方2 ▶ If you 〜

6. もし、十分な時間があったら、映画に行っていたでしょう。
使い方4 ▶ If I 〜

7. あなたが私たちと一緒に、ここにいてくれたらいいのに。
使い方5 ▶ I wish 〜

182

UNIT 27

I'll walk my dog, if it stops raining.
- If it stops ... から初めても同意ですが、実際には I'll ... から言うケースが多いようです。

If you talked with him, he would understand.
- If you talk with him, he will understand. とすれば、「彼が理解する」と信じている感じがもっと強く出ます。

I will see her if (it is) necessary.
- if necessary だけで「必要なら」という意味合いでよく使われます。

If you had practiced harder, you might have won the first prize.
- if の方に〈had + 過去分詞〉、主節の方に〈助動詞過去+現在完了〉を使いましょう。

If you have any questions, I will answer them.
- I will answer any questions you have. と同意です。

If I had had enough time, I would have gone to the movies.
- had の後に動詞の過去分詞 had がつながることには、何の問題もありません。

I wish you were here with us.
- 実際には、you が一緒にいないことがわかります。

第3章 部分を整える10のオキテ

UNIT 28 接続詞

接続詞は2つの節を結ぶ!

使い方1 2つの節の関係性を表す

I didn't go to the seminar.
セミナーに行きませんでした。

理由 I was sick.
私は病気でした。

I didn't go to the seminar, **because** I was sick.

セミナーに行きませんでした、なぜなら、病気だったので。

いろいろな接続詞

接続詞には、上記のbecauseの他、after, and, but, or, since, that, for, till, if, when, unless, no matter what[how] などがあり、**2つの節の関係を示します**。節とは、主語と述語を含むもので、文と違うのはピリオドがないことです。not only A but also B（AだけではなくBも）のような決まった表現もあります。日常会話などでよく使われる代表的な接続詞をマスターしましょう。

UNIT 28

使い方2 2つの語を結ぶ

This is for you and Jamie.
これは、あなたとジェイミーのためです。

接続詞 and は、Get up now, and you will catch the train.（さあ、起きて、そうすれば電車に間に合うよ）のように節を結んだり、you and I（あなたと私）のように語を結んだりします。

使い方3 接続詞thatは省略することも可能

I think (that) this proposal is workable.
この提案書は、実現可能だと思います。

think、know、tell、say などの後では、接続詞 that はよく省略されます。

使い方4 セット・フレーズを覚えよう

My sister can speak not only English but also German.
姉は、英語だけでなくドイツ語も話せます。

not only A but also B（AばかりでなくBも）、both A and B（AもBも両方とも）、either A or B（AかBのどちらか）、neither A nor B（AもBも～ない）などがよく使われる表現です。

❗ 他にもいろいろな接続詞があります。

Unless you try hard, you will fail. = If you don't try hard, you will fail.
一生懸命やらなくては、失敗するでしょう。

No matter what you say, I will buy the house.
あなたが何を言おうが、あの家を買うわ。

They have been friends **since** they were children.
彼らは、子供の頃から友達です。

Write it down **in case** you forget it.
忘れてはいけないので、書いておいてください。

Exercise! 問題を解いて、使い方をおさらい！

A 適切な疑問詞を下から選んで、空所を埋めましょう。

1. I like sports, ------- my sister doesn't.

2. Get up now, ------- you'll be late for work.

3. We will discuss two things — the budget plan ------- some products.

(A) and　　　(B) but　　　(C) or

B 次の文の間違いを探して、訂正しましょう。

1. Leave now or you will catch the train.

   ....

2. Either Tuesday and Wednesday is fine with me.

   ....

3. Keiko is not only intelligent when also very kind.

   ....

UNIT 28

解答と解説

A

1. (B) I like sports, but my sister doesn't.
私はスポーツが好きだが、私の妹は好きではない。
* but は、逆のことを続ける場合に使います。

2. (C) Get up now, or you'll be late for work.
さあ、起きて──さもないと、仕事に遅れるよ。
* 命令文で、後の節がネガティブな場合、or（そうしないと）でつなぎます。

3. (A) We will discuss two things — the budget plan and some products.
2件、話し合います。予算計画と、いくつかの製品についてです。
* 2つのことについて話し合うと言っていますので、and でつなぎます。

B

1. Leave now and you will catch the train.
今出れば、その車に間に合いますよ。
* Aの問題2番と逆で、命令文の後が間に合うというポジティブな内容なので、and で結びます。

2. Either Tuesday or Wednesday is fine with me.
火曜日あるいは水曜日どちらでも、私は大丈夫です。
* either A or B は決まった表現です。

3. Keiko is not only intelligent but also very kind.
ケイコは、頭がいいだけでなく、とても親切です。
* not only A but also B は決まった表現です。

Try it out! 瞬間英作文トレーニング！

1	あなたは、野菜を食べて、もっと運動をすべきです。 **使い方2** ▶You should eat ~	
2	私たちと一緒にランチに行くか、それともここにいるか、どちらがいいですか。 **使い方2** ▶Which would you prefer ~	
3	子供の時、ピーマンが嫌いでした。 **使い方1** ▶I didn't like ~ ＊when を使う ピーマン= green pepper	
4	ライリーも、ダイアンも、二人とも数学が得意です。 **使い方4** ▶Both Reilly ~	
5	すみませんが、ここは禁煙ですよ。 **使い方1** ▶Excuse me, ~	
6	あなたがどう思おうと、このことは上司に報告します。 **チャレンジ！** ▶No matter what ~	
7	残業しなければ、締め切りに間に合わないでしょう。 **チャレンジ！** ▶Unless we ~	

UNIT 28

You should eat vegetables and do more exercise.
❶「野菜を食べる」「運動をする」という2つのことを結ぶので and になります。

Which would you prefer, going to lunch with us or staying here?
❶「ランチに行くか」「ここにいるか」、2つから選択するので、or で結びます。

I didn't like green peppers when I was a child.
❶when には疑問詞以外に、「~するときに(は)、~なので」といった意味合いになる接続詞の働きもあります。

Both Reilly and Dian are good at math.
❶both A and B の形です。be good at ... は「~が得意で」。

Excuse me, but this is a non-smoking area.
❶Excuse me, や I'm sorry, などの後に、軽い逆接の but をつけて、ちょっと耳に痛いことを伝えます。

No matter what you think, I will report this to my boss.
❶Whatever you think ... としても同意になります。

Unless we work overtime, we will not make the deadline.
❶unless は if not なので、If we don't work overtime, ... と同意になります。

UNIT 29 分詞

オキテ

分詞には現在と過去がある!

使い方1 現在分詞「〜している」と過去分詞「〜された」

There are **working** people.
働いている人々がいる。　現在分詞は ing 形

I picked up a **broken** watch.
壊れた時計を、取り上げた。　過去分詞

現在分詞と過去分詞

「分詞」には、現在と過去の2種類があり、**現在分詞は ing 形で「〜している」、過去分詞は受動態や現在完了などに使う形で、「〜された」「〜した」**といった意味合いを表現します。

動詞には、現在形から完了形（過去分詞）までまったく形が変わらないもの（put や hit など）、ed をつけて過去形と同じ形のもの（worked）、全部形が変わるもの（break-broke-broken）などがあります。（p.48 参照）

UNIT 29

使い方 2 形容詞の役割を果たし、前から修飾する

I saw a **sleeping** cat.
眠っている猫を見た。

I have a **broken** watch.
壊れた時計を持っている。

現在分詞も過去分詞も**名詞を修飾する形容詞の役割**を果たします。そして名詞の直前において修飾する場合があります。

使い方 3 後ろから修飾する

I saw a cat **sleeping** in a box.
箱の中で寝ている猫を見た。

This is the novel **written** by the author.
これは、あの作家によって書かれた小説です。

分詞に他の修飾語が加わる場合はたいてい、**分詞は後ろから名詞を修飾**します。

使い方 4 知覚動詞や使役動詞と一緒に使われる

I hear the girls **singing**.
少女たちが歌っているのが聞こえる。

I had my hair **cut**.
髪を切ってもらった。＊このcutは過去分詞

知覚動詞は、see、feel、watch、hearなどで、使役動詞はmake、have、getなどです。

使い方 5 分詞構文

When I was walking down the street, I met Kate.
☞ **Walking down the street**, I met Kate.
通りを歩いていたとき、ケイトに会った。

通常2文を続ける場合、〈接続詞＋主＋動＋…〉を使いますが、代わりに分詞を使うこともできます。

第3章 部分を整える10のオキテ

191

Exercise!

問題を解いて、使い方をおさらい！

A 適切な語を下から選んで、空所を埋めましょう。文頭にくるものの小文字になっています。

1. I saw Randy ------- with a girl.

2. ------- from here, that building looks beautiful.

3. I like cakes ------- by my mother.

(A) made　　　(B) seen　　　(C) talking

B 次の文の間違いを探して、訂正しましょう。

1. James had his hair cutting.

   ....

2. I like the novels writing by J. K. Rowling.

   ....

3. I would like to visit English-spoken countries some day.

   ....

UNIT 29

解答と解説

A

1. (C) I saw Randy talking with a girl.
ランディが女の子と話しているところを見た。

* 〈see 人＋動詞の現在分詞、あるいは現在形〉を用いて、「〜しているところを見る」「〜したところを見る」という表現になります。

2. (B) Seen from here, that building looks beautiful.
ここから見ると、あのビルはきれいに見える。

* When the building is seen .... を分詞構文にした場合、Seen から始めます。

3. (A) I like cakes made by my mother.
母が作ったケーキが好きです。

* cake、by my mother から made で結びます。

B

1. James had his hair cut.
ジェイムズは、髪を切ってもらった。

* 〈have＋モノ＋過去分詞〉で「モノを過去分詞にしてもらう」という表現になります。

2. I like the novels written by J.K Rowling.
J.K. Rowling が書いた小説が好きです。

* 小説は J. K. Rowling によって書かれるので、過去分詞を用います。

3. I would like to visit English-speaking countries someday.
いつか、英語を話す国に行きたいです。

* 英語を話す国という場合は、現在分詞を使います。

第3章　部分を整える**10**のオキテ

193

Try it out! 瞬間英作文トレーニング！

1 ベンが送ったEメールを受け取りました。
使い方3 ▶ I got ~

2 クリスがテニスをしているところを見ました。
使い方4 ▶ I saw ~

3 私の足の辺りで、何かが動いているのを感じました。
使い方4 ▶ I felt ~

4 お待たせしてすみません。
使い方4 ▶ I am sorry ~

5 すべての人が幸せに暮らしている、と想像してみて。
使い方3 ▶ Imagine ~

6 異なる観点から見ると、これは大きな問題です。
使い方5 ▶ Seen from ~
異なる観点= different perspectives

7 サラと話そうとしていて、携帯を落としてしまった。
使い方5 ▶ Trying to ~
~と連絡をとる= reach　落とす= drop

UNIT 29

I got an e-mail sent by Ben.
❶他には、I got an e-mail Ben sent. や I received Ben's e-mail. なども同意の文になります。

I saw Chris playing tennis.
❶I saw Chris play tennis. と原形にすると、「クリスがテニスをするのをずっと見ていた」という意味になります。playing と現在分詞にすると、最初から最後までではなく、一部を見たという意味になります。

I felt something moving around on my foot.
❶足のあたりで、という修飾語があるので、後ろから修飾します。

I am sorry to keep you waiting.
❶遅れた場合の決まり文句です。keep ～ing で「～の状態にしておく」という意味です。

Imagine all the people living happily.
❶ビートルズの有名な歌「Imagine」の中にも、Imagine all the people living for today … などが出てきます。

Seen from different perspectives, this is a serious problem.
❶When this is seen from different perspectives … の部分を、分詞構文にします。

Trying to reach Sarah, I dropped my cellphone.
❶When I was trying to reach Sarah … の部分を、分詞構文にします。

第3章 部分を整える10のオキテ

UNIT 30 前置詞

前置詞は名詞や動名詞の前に置く!

使い方 1　名詞の前に置く

There is a picture **on** the wall.

壁に絵が、かかっている。

> on は何かに接している様子を表現する

いろいろな前置詞

「前置詞」は、名詞や動名詞の直前に用いて、**場所、位置関係、時、手段などを表現**します。また、**at, by, from, in, of, to, with などのように1語で成り立つもの**、**into, onto, within などのように2つの前置詞が結びついたもの**があります。また in front of（〜の正面に）、on behalf of（〜の代わりに）のように、名詞や形容詞などを前置詞と組み合わせて使うものなどがあり、決まった表現として使われます。

UNIT 30

使い方 2 場所や位置関係に使われる

- **in** Japan（日本に）
- **at** the shop（その店で）
- **over** the table（テーブル全体に）
- **above** the table（テーブルの上方に）
- **under** the sofa（ソファの下に）
- **around** the house（家の周りに）
- **in** the box（箱の中に）
- **on** the desk（机上に）
- **through** the town（町中を通って）

使い方 3 時、月日、方向に使われる

- **at** two o'clock（2時に）
- a quarter **to** five（5時15分前）
  * a quarter は4分の1、to は5時に向かっていく様子を表現する
- come **to** me（私の所に来なさい）
- **by** seven（7時までに）
- **on** Wednesday（水曜日に）
- ten **past** eight（8時10分過ぎ）
- **in** August（8月に）
- **in** 2010（2010年に）

使い方 4 手段などに使われる

- **by** train（電車で）
- **with** my parents（両親と）
- **for** you（あなたのために）
- a friend **of** mine（私の友達）
- **from** Japan（日本から）
- **without** permission（許可なしで）
- **after** school（放課後）

使い方 5 決まった表現として使われる

- because of / owing to（～が原因で）
- instead of（～ではなくて）
- as for（～に関しては）
- as far as（～の限りでは）
- thanks to ...（～のおかげで）

第3章 部分を整える10のオキテ

Exercise!

問題を解いて、使い方をおさらい！

A 適切な語を下から選んで、空所を埋めましょう。文頭にくるものの小文字になっています。

1. I put your paper ------- your desk.

2. There is a new restaurant ------- front of the bus station.

3. I usually go to work ------- train.

(A) by   (B) in   (C) on

B 次の文の間違いを探して、訂正しましょう。

1. There is a picture hanging in the wall.

   ....

2. I have been at Tokyo for more than ten years.

   ....

3. Can you submit this report until next Monday?

   ....

UNIT 30

解答と解説

A

1. (C) I put your paper on your desk.
あなたのペーパーを机の上においておきました。

＊ 机の上は、on を使います。ペーパーと机が接触している場合、on になります。

2. (B) There is a new restaurant in front of the bus station.
新しいレストランは、バス停の正面にあります。

＊ in front of ... で「〜の正面に」という意味を表します。front は「フラント」のように発音してください。

3. (A) I usually go to work by train.
通常、電車で仕事に行きます。

＊ by は、交通手段を表現することができます。by bike（自転車で）、by bus（バスで）など、乗り物には冠詞などがいりません。

B

1. There is a picture hanging on the wall.
壁に絵がかかっている。

＊ 絵は壁に接触しているので、on を使います。

2. I have been in Tokyo for more than ten years.
東京には10年以上います。

＊ 東京のように広い場所には in を使います。

3. Can you submit this report by next Monday?
このレポートを来週月曜日までに提出できますか。

＊ until や till は、その時までずっと動作が続く場合に使います。例えば Please wait here until[till] I come back.（私が戻るまで、ここで待っていてね）。来週月曜日までに提出という場合は、その間他のことをするなど、継続性がないので by を使います。

Try it out! 瞬間英作文トレーニング！

1 クミは、2000年11月3日に生まれました。
使い方3 ▶ Kumi was 〜

2 それを私に送っていただけますか。
使い方3 ▶ Could you 〜

3 床には、いくつかの椅子が置いてありました。
使い方2 ▶ There were 〜

4 そのソファは、白い布で覆われていました。
使い方4 ▶ The sofa 〜

5 この問題について話し合う前に、ひとこと言わせてください。
チャレンジ! ▶ Before 〜
ひとこと言う= say a few words

6 ここからメキシコまで、どれくらい遠いですか。
使い方3 ▶ How far 〜

7 これは、あなたのために。
使い方4 ▶ This is 〜

UNIT 30

Kumi was born on Novermber 3rd, 2000.
❶月や年だけなら in、日にちだけなら on、全部使う場合も on になります。

Could you send it to me, please?
❶send it to me で、それを、私(の方)に送る、という意味合いが出ます。

There were some chairs on the floor.
❶椅子は、床に接触しているので、on を使います。

The sofa was covered with a white cloth.
❶白い布で、という修飾語があるので、後ろから修飾します。

Before discussing this problem, I'd like to say a few words.
❶Before we discuss this problem ... としても同意です。

How far is it from here to Mexico?
❶from は起点を表します。

This is for you.
❶for は「〜のために」という意味もあり、この表現はお土産やプレゼントを渡す時の定番です。

第3章 部分を整える10のオキテ

コラム❸

Most? Almost? Most of …?

　比較級で勉強した many や much の最上級 most は「最も、一番」という意味でした。most には形容詞で「ほとんどの」という意味もあり、Most employees were laid off.（ほとんどの従業員が解雇された）のように使います。most に似ている almost は副詞です。We're almost there.（もう着くよ）などの例に見られる「だいたい、ほとんど」という意味合いと、He almost died in that accident.（彼はその事故で、死ぬところだった）のように、「〜しそうになる、危うく〜するところで」などの意味合いがあります。また、惜しい答えなどを言った場合に "Almost." と使うと「惜しい」「もうちょっと」という意味合いになります。

　most of … は「〜のうちの大半が」という意味で、of のあとは、基本的に〈the ＋名詞〉となります。例えば、Most of the members attended the meeting.（メンバーのほとんどがその会議に出席した）のように使います。ある決まったメンバーのうちの大半が、という意味になり、Most of members attended …（×）とすると、どこのメンバーの話なのか、さっぱりわからなくなってしまいます。また almost を用いて、Almost all the members attended … としても同意になります。また、almost members（×）とは決して言えませんので、注意しましょう。

これさえ覚えれば！まるごと中学英文法 例文163!

UNIT 1　自動詞	🔊 32
私は毎日ジョギングします。	I jog every day.
若く見えますね。	You look young.
彼女は京都に住んでいます。	She lives in Kyoto.
彼女は京都には住んでいません。	She doesn't live in Kyoto.
あなたは京都に住んでいますか。	Do you live in Kyoto?

UNIT 2　他動詞	🔊 33
私は妻を愛しています。	I love my wife.
彼は私たちにスペイン語を教えてくれる。	He teaches us Spanish.
私たちは彼女を「姫」と呼んでいる。	We call her Princess.
私は毎朝、散歩をします。	I walk every morning.
私は毎朝、犬を散歩させます。	I walk my dog every morning.

UNIT 3　be動詞	🔊 34
私は日本人です。	I am Japanese.
私はアメリカ人ではありません。	I'm not an American.
あなたはイギリス人ですか。	Are you British?
私は昔、先生をしていました。	I once was a teacher.
両親はどちらも、先生をしていました。	My parents both were teachers.
カギは一番上の引き出しの中にあるよ。	The key is in the top drawer.

UNIT 4　There is 〜.	🔊35
丘の上にお城がある。	There is a castle on the hill.
やるべきことがたくさんある。	There are a lot of things to do.
それを買うのに十分なお金がありません。	There isn't enough money for it.
彼女に会えるチャンスはありますか。	Is there any chance to meet her?
このあたりにはいいレストランはありません。	There are no good restaurants around here.

UNIT 5　命令文と Let's	🔊36
ベストを尽くせ!	Do your best!
まじめにやって!	Be serious!
いい子にしてなさい。	Be a good boy.
このメールにお返事ください。	Please reply to this e-mail.
怒らないでよ!	Don't be upset!
コーヒーでも飲みながらおしゃべりしましょう。	Let's chat over coffee.

UNIT 6　過去形	🔊37
彼女には昨日のパーティーで会いました。	I met her at yesterday's party.
昨日は残業をしませんでした。	I didn't work overtime yesterday.
昨日は残業をしましたか。	Did you work overtime yesterday?
2011年には私はその会社で働いていました。	I worked for the company in 2011.

UNIT 7　現在完了	🔊38
もうランチは済ませました。	I have already finished lunch.
ロシアには3回、行ったことがあります。	I have been to Russia three times.

ティムは先週の日曜からずっとロサンゼルスに滞在している。	Tim has been in LA since last Sunday.
まだ昼食を食べていません。	I haven't had lunch yet.
ロシアに行ったことはありますか。	Have you been to Russia?

UNIT 8　未来形　🔊39

後でかけ直します。	I will call you back later.
今日の午後は雨になるようだ。	It'll rain this afternoon.
患者は1週間で回復するでしょう。	The patient will get better in a week.
明日、私たちはクライアントを訪問する予定です。	We're going to visit the client tomorrow.
忘年会は今週末に行われます。	The year-end party is going to be held this weekend.
今夜、東京を発ちます。	I'm leaving Tokyo tonight.

UNIT 9　進行形　🔊40

子供たちはゲームをしています。	Kids are playing a game.
私が帰宅したとき、子供たちはゲームをしていました。	Kids were playing a game when I came home.
子供たちは昼食のときから、ずっとゲームをしています。	Kids have been playing a game since lunchtime.
嘘ついてないってば。	I'm not telling a lie.
長く待った？	Have you been waiting long?

UNIT 10　受動態　🔊41

この写真はメグによって撮られた。	This photo was taken by Meg.
私は1988年に生まれました。	I was born in 1988.
富士山は雪で覆われている。	Mt. Fuji is covered with snow.
このスイーツは野菜でつくられています。	These sweets are made from vegetables.

お会いできて嬉しいです。	I'm pleased to meet you.
この写真はメグに撮られたのではありません。	This photo wasn't taken by Meg.
この写真はメグに撮られたものですか。	Was this photo taken by Meg?

UNIT 11　助動詞① 　🎧42

私はピアノを弾くことができます。	I can play the piano.
あなたはパーティーに来ることができますか。	Can you come to the party?
彼は明日、ここには来ません。	He will not[won't] come here tomorrow.
そんなことをしてはいけません。	You mustn't do such a thing.
今日は仕事をしなくてもいいですよ。	You don't have to work today.
彼らは決して二度と会うことはないだろう。	They shall never meet again.

UNIT 12　助動詞② 　🎧43

私は泳ぐことができました。	I could swim.
こちらに来ていただけますか。	Could[Would] you come here please?
締め切りに間に合わせるべきだ。	We should meet the deadline.
そのプランは、考え直した方が良いですよ。	You might want to rethink your plan.
私たちは、空港でウイルソン氏を待たなくてはならなかった。	We had to wait for Mr. Wilson at the airport.
その部屋を掃除する必要はなかった。	I didn't have to clean up the room.

UNIT 13　疑問詞① 　🎧44

何をしたいですか。	What do you want to do?
何がそんなに嬉しいの。	What makes you so happy?

何が好きなの。	What do you like?
誰が、アンダーソンさんを拾うのですか。	Who will pick up Ms. Anderson?
――ケイコです。	—Keiko will.
誰を招待したいのですか。	Who would you like to invite?
――ミッキーとジューンです。	—(I want to invite) Mickey and June.
なぜ、その仕事に応募したのですか。	Why did you apply for that job?
――私のコミュニケーションスキルを使えるからです。	—(Because) I can use my communication skills.
――私のコミュニケーションスキルを使うためです。	—To use my communication skills.
今日はどのようにして、ここへ来たのですか。	How did you come here today?

UNIT 14 疑問詞② 🔊45

トロントまで、どれくらいかかりますか。	How long does it take to Toronto?
何冊の本を持っていますか。	How many books do you have?
ここから、東京までどれくらいの距離ですか。	How far is it from here to Tokyo?
これは誰の鉛筆ですか。	Whose pencil is this?
どんな音楽が好きですか。	What kind of music do you like?
来週土曜日にパーティーをするのは、どうでしょう。	What about having a party next Saturday?
上司と話をしてはどうですか。	Why don't you talk with your boss?

UNIT 15 間接疑問文と付加疑問文 🔊46

彼女がどこに住んでいるか知っていますか。	Do you know where she lives?

母に、昨夜どこにいたのか聞かれた。	My mother asked where I was last night.
私は彼がどこに住んでいるのか知らなかった。	I didn't know where he lives.
図書館がどこか、ご存知ですか。	Do you know where the library is?
——はい。道をお教えしましょう。	—Sure. I'll show you the way.
映画に行ったよね。	You went to the movies, didn't you?
野菜は嫌いですよね。	You don't like vegetables, do you?

UNIT 16　感嘆文　🔊47

なんて、すてきなプレゼントでしょう!	How nice this present is!
なんて、すてきなプレゼントでしょう!	What a nice present (this is)!
富士山って、なんてきれいなのだろう!	How beautiful Mt. Fuji is!
富士山って、なんてきれいなのだろう!	What a beautiful mountain Fuji is!
メリンダはなんて知的な少女なのだろう!	How intelligent Melinda is!
メリンダはなんて知的な少女なのだろう!	What an intelligent girl Melinda is!
なんて背が高い少年なんだろう!	How tall this boy is!
なんて背が高い少年なんだろう!	What a tall boy (he is)!

UNIT 17　動名詞　🔊48

私はテニスをするのが好きです。	I like playing tennis.
切手を集めるのが私の趣味です。	Collecting stamps is my hobby.
百聞は一見にしかず（見ることは信じること）。	Seeing is believing.
もうすぐあなたと一緒に仕事をするのが楽しみです。	I look forward to working with you soon.

その古城は訪問する価値がある。	The old castle is worth visiting.

UNIT 18　不定詞①名詞用法　　49

一生懸命勉強することは、あなたにとって大切です。	To study hard is important for you.
英語を話すことは、私にとって難しいです。	To speak English is difficult for me.
ウイルソン氏はその会議に出たかったのだが、できなかった。	Mr. Wilson wanted to attend the conference, but he couldn't.
私は、ウイルソンさんに、その会議に出てほしい。	I want Mr. Wilson to attend the conference.
彼は残業することを拒んだ。	He refused to work overtime.
彼に会ったことを忘れた。	I forgot meeting him.
彼に会うことを忘れた。	I forgot to meet him.

UNIT 19　不定詞②形容詞用法　　50

私は読むべき本をたくさん持っています。	I have lots of books to read.
祖父母を訪ねて会うチャンスがあった。	I had a chance to visit and see my grandparents.
住む家がありません。	I don't have a house to live in.
それは正しいみたいだ。	It seems to be right.

UNIT 20　不定詞③副詞用法　　51

締め切りに間に合わせるため、私は残業した。	We worked overtime to meet the deadline.
私の祖母は100歳まで生きた。	My grandmother lived to be 100 years old.
そのニュースを聞いて、悲しかった。	I was sad to hear the news.
その箱は、持ち運ぶには重すぎる。（＝重すぎて持ち運べない）	The box is too heavy (for me) to carry around.

このスーツケースはすべての服を詰めるのに十分な大きさだ。	This suitcase is big enough to pack all the clothes.

UNIT 21　形容詞　🎧52

本当のことを言って。	Tell me a true story.
何か新しいもの	something new
郵便局の隣のビル	a building next to the post office
高級なフランス料理店	an expensive French restaurant
パーティーは豪華でした。	The party was gorgeous.
その知らせを聞いて嬉しくなった。	The news made me happy.

UNIT 22　副詞　🎧53

私はいつも地下鉄で通勤しています。	I always go to work by subway.
この小説は本当に面白い。	This novel is really interesting.
彼女はフランス語をとても流ちょうに話す。	She speaks French very fluently.
結果的に、彼は試験に通りました。	Eventually, he passed the exam.
これはまさに私が欲しかったものです。	This is just what I have wanted.

UNIT 23　比較　🎧54

タブレットはラップトップ（ノートパソコン）よりも使いやすい。	Tablets are more handy than laptops.
彼女は韓国語を英語と同じくらい流ちょうに話す。	She speaks Korean as fluently as English.
彼女は韓国語を英語と同じほど流ちょうには話さない。	She doesn't speak Korean so fluently as English.
日本はスイスの9倍の大きさです。	Japan is nine times as large as Switzerland.
彼女は私たちのクラスで一番頭がいい。	She is the smartest in our class.

富士山は世界で一番美しい山の1つです。	Mt. Fuji is one of the most beautiful mountains in the world.

UNIT 24　名詞　　55

私の好きなスポーツはテニスです。	My favorite sport is tennis.

UNIT 25　代名詞　　56

みなさん全員をパーティーに招待します。	I invite you all to the party.
私の夢はプロのピアニストになることです。	My dream is to be a professional pianist.
あの傘は私のものです。	That umbrella is mine.
自分でできます。	I can do it by myself.
これをいただきます。	I'll take this.

UNIT 26　関係詞　　57

テーブルのところにいる女性を知っていますか。	Do you know the woman who is at the table?
屋根が緑色の家、見えますか。	Can you see the house whose roof is green?
私は父がくれた本を持っています。	I have a book which[that] my father gave me.
私たちが出会った村を覚えてる?	Do you remember the village where we met?
チャンさんは私がスイミングに行っていた3月20日に博物館に行った。	Mr. Chan went to the museum on March 20th when I went swimming.

UNIT 27　仮定法　　58

お金持ちだったら、車を買うのになあ…。	If I were rich, I would buy a car.
あのときパーティーに行かなかったら、あなたには会えなかっただろう。	If I hadn't gone to the party, I wouldn't have met you.

211

私たちがパーティーをしたら、楽しいだろうね。	If we have a party, it will be fun.
お金がたくさんあったら、世界中を旅するんだけど。	If I had lots of money, I would travel around the world.
もっと勉強していたら、試験に通っていただろう。	If I had studied more, I would have passed the exam.
あなたが一緒にいたら、いいのに。	I wish you were here!

UNIT 28　接続詞　🎧59

セミナーに行きませんでした、なぜなら、病気だったので。	I didn't go to the seminar, because I was sick.
これは、あなたとジェイミーのためです。	This is for you and Jamie.
この提案書は、実現可能だと思います。	I think (that) this proposal is workable.
姉は、英語だけでなくドイツ語も話せます。	My sister can speak not only English but also German.

UNIT 29　分詞　🎧60

働いている人々がいる。	There are working people.
壊れた時計を、取り上げた。	I picked up a broken watch.
眠っている猫を見た。	I saw a sleeping cat.
壊れた時計を持っている。	I have a broken watch.
箱の中で寝ている猫を見た。	I saw a cat sleeping in a box.
これは、あの作家によって書かれた小説です。	This is the novel written by the author.
少女たちが歌っているのが聞こえる。	I hear the girls singing.
髪を切ってもらった。	I had my hair cut.
通りを歩いていたとき、ケイトに会った。	Walking down the street, I met Kate.

UNIT 30 前置詞

壁に絵が、かかっている。 | There is a picture on the wall.

●著者紹介

成重寿　Narishige Hisashi

三重県出身。一橋大学社会学部卒。英語教育出版社、海外勤務の経験を生かして、TOEICを中心に幅広く執筆・編集活動を行っている。TOEIC 990点。主な著書：『TOEIC® TEST英単語スピードマスター NEW EDITION』『TOEIC® TEST英文法スピードマスター』『はじめて受けるTOEIC® TEST総合スピードマスター』『大切なことはすべて中学英語が教えてくれる　英単語編』(以上、Jリサーチ出版) など。

妻鳥千鶴子　Tsumatori Chizuko

バーミンガム大学大学院翻訳学修士課程修了 (MA)。テンプル大学大学院教育学修士課程修了 (MS)。近畿大学非常勤講師。英検1級対策をメインとするアルカディア・コミュニケーションズ主宰。ケンブリッジ英検CPE、英検1級、TOEIC990点、通訳案内業国家資格 (大阪府1236号) など。主な著書：『会話できる英文法大特訓』『ゼロからスタート英会話』『ゼロからスタート英単語』『ゼロからスタート基本動詞』(以上、Jリサーチ出版) など。

カバーデザイン	花本浩一 (KIRIN-KAN)
本文デザイン／DTP	江口うり子 (アレピエ)
本文イラスト	田中斉
英文校正	Mark D. Stafford
ナレーション協力	Carolyn Miller／都さゆり
音声録音・編集	一般財団法人　英語教育協議会 (ELEC)
CD制作	高速録音株式会社

1日でできる　やさしい英文法

平成27年 (2015年) 3月10日　初版第1刷発行

著　者	成重寿／妻鳥千鶴子
発行人	福田富与
発行所	有限会社　Jリサーチ出版
	〒166-0002　東京都杉並区高円寺北2-29-14-705
	電話03(6808)8801(代)　FAX 03(5364)5310
	編集部03(6808)8806
	http://www.jresearch.co.jp
印刷所	中央精版印刷株式会社

ISBN978-4-86392-220-4　禁無断転載。なお、乱丁・落丁はお取り替えいたします。
©2015 Hisashi Narishige, Chizuko Tsumatori, All rights reserved.

大切なことは
すべて中学英語が
教えてくれる 英会話編

全国書店にて好評発売中！

山田 暢彦 著
定価本体1400円（税抜）

「中学英語」で
世界中
どこでも通じる！

この本を読めば
英語がとてもシンプルに見える。
僕の自信作です。 山田暢彦

山田暢彦 Yamada Nobuhiko
英語教室 NOBU English Academy（東京都目黒区）主宰。アメリカで生まれ、高校までの教育を現地で受けた日英バイリンガル。「中学英語」分野での第一人者。

こんな方にオススメ

☑ **短時間で中学英語を身につけたい**
☑ **日常・旅行・ビジネスの実用英語の基礎を身につけたい**
☑ **スキマ時間をうまく使いたい**
　（5分プログラムで構成）

大切なことは
すべて中学英語が
教えてくれる 英単語編

CD 2枚付き

成重 寿、入江 泉 共著　定価本体1400円（税抜）

英単語編も好評発売中！

商品の詳細はホームページへ
Jリサーチ出版　検索

http://www.jresearch.co.jp　**Jリサーチ出版**

〒166-0002　東京都杉並区高円寺北 2-29-14-705
TEL03-6808-8801　FAX03-5364-5310

ツイッター 公式アカウント @Jresearch_　アドレス https://twitter.com/Jresearch_